Kenkyu Sosho No.632

研究双書

アジア国際産業連関表の作成

基礎と延長

桑森 啓・玉村千治：編

IDE-JETRO アジア経済研究所

研究双書　No. 632

桑森　啓・玉村千治　編
『アジア国際産業連関表の作成—基礎と延長—』

Ajia-kokusai-sangyō-renkanhyō no sakusei: kiso to enchō.
(Compilation of Asian International Input-Output Tables:
Foundations and Extensions)

Edited by

Hiroshi KUWAMORI and Chiharu TAMAMURA

Contents

Introduction　Aims and Scope　　　　　　（Hiroshi KUWAMORI and Chiharu TAMAMURA）

Chapter 1　Outline of Asian International Input-Output Tables: Compilation
　　　　　Methodology and Characteristics
　　　　　　　　　　　　（Hiroshi KUWAMORI, Chiharu TAMAMURA and Takao SANO）

Chapter 2　Determination of Common Sector Classification of Asian International
　　　　　Input-Output Tables: Idea and Methodology
　　　　　　　　　　　　（Chiharu TAMAMURA, Hiroshi KUWAMORI and Takao SANO）

Chapter 3　Updating Methodologies of National Input-Output Tables　　　（Takao SANO）

Chapter 4　Compilation of Import Matrices by Country of Origin through the
　　　　　Special Survey on Imported Commodities
　　　　　　　　　　　　（Hiroshi KUWAMORI, Chiharu TAMAMURA and Takao SANO）

Chapter 5　Estimation of An Updated Asian International Input-Output Table
　　　　　　　　　　　　（Takao SANO, Chiharu TAMAMURA and Hiroshi KUWAMORI）

〔Kenkyu Sosho (IDE Research Series) No. 632〕
Published by the Institute of Developing Economies, JETRO, 2017
3-2-2, Wakaba, Mihama-ku, Chiba-shi, Chiba 261-8545, Japan

ま え が き

　本書は，アジア経済研究所（アジ研）が2015年度から2016年度にかけて組織した「アジア国際産業連関表の作成：課題と拡張」研究会（主査・幹事：桑森啓）の成果である。

　アジ研では，1970年代から40年以上にわたり，アジア各国の共同研究機関とともに，主として東アジアを対象とする国際産業連関表の作成やそれを用いた分析を行ってきた。これらの成果は，公表した産業連関表を掲載した「統計資料シリーズ」（Statistical Data Series）や国際産業連関表作成事業の年次報告書である「アジア国際産業連関シリーズ」（Asian International Input-Output Series）に収められており，すでに100冊以上蓄積された貴重な資料となっている。

　一方で，上記のようにおもに作成プロセスを中心として，クロノロジカルに蓄積されてきた資料のほかに，将来にわたるこの分野の継承として国際産業連関表の作成や分析に関する知見を体系的に整理することの必要性も強く感じられていた。

　このような背景から，アジ研では，2012年度から2013年度にかけて「国際産業連関分析論」研究会（主査：玉村千治，幹事：桑森啓）を組織し，蓄積されてきた作成・分析に関する知見の包括的・体系的なとりまとめを行うことを試み，その成果を『国際産業連関分析論―理論と応用―』（玉村千治・桑森啓編　研究双書 No. 609　2014年）として発表した。同書は，今後の国際産業連関表の作成・分析の両面に資する国際産業連関論の研究書となることを目的として，国際産業連関表作成の歴史や作成方法を整理するとともに，その理論的基礎の検討や代表的成果であるアジア国際産業連関表（アジア表）を用いた基本的な分析方法や分析事例も紹介している。

　本研究会は，上記研究会の後継研究会として実施され，前書においては簡易な説明にとどまっていたアジア表の作成に焦点を絞り，作成方法の特徴や

作成上の課題，さらには発展の方向について，より詳細な検討を行うことにより，前書を補完する役割を果たす研究書を作成することを目的としている。

なお，本書は直接的には冒頭の研究会の成果であるが，上でも述べたとおり，アジ研で長年にわたって蓄積されてきた知見に基づいている。その意味において，本書は前書と同様これまでにアジ研の産業連関表の作成にかかわった多くの人々の成果であることを強調しておきたい。40年を超える事業に携わったすべての方々の名前を挙げることは不可能であるが，この場を借りて深く感謝の意を表したい。

また，研究会の実施に際しては，外部委員として佐野敬夫氏（元岐阜聖徳学園大学教授）にご参加頂き，原稿執筆のほか，プログラミングやデータ処理の面でもご尽力頂いた。ご協力に深く感謝申し上げたい。

最後に，本書の審査過程においては，匿名の所内レフェリーから，丁寧かつ有益なコメントを頂いた。記してお礼申し上げる次第である。さらに，本書の編集全般にわたってアジ研の出版企画編集課の井村進氏に大変お世話になった。あわせて感謝申し上げたい。

2017年8月

編　者

目　　次

まえがき

序　章　本書のねらい …………………………桑森　啓・玉村千治… 3
　第1節　本書の背景と目的 ………………………………………………… 3
　第2節　本書の構成 ………………………………………………………… 4

第1章　アジア国際産業連関表の概要—作成手順と特徴—
　　　　………………………桑森　啓・玉村千治・佐野敬夫… 9
　はじめに ……………………………………………………………………… 9
　第1節　アジア国際産業連関表の概要 ………………………………… 9
　第2節　アジア国際産業連関表の作成手順 ……………………………14
　第3節　アジア国際産業連関表の特徴 …………………………………29
　おわりに ……………………………………………………………………31

第2章　アジア国際産業連関表の共通部門分類の設定
　　　　—考え方と方法—
　　　　…………………玉村千治・桑森　啓・佐野敬夫…37
　はじめに ……………………………………………………………………37
　第1節　国際産業連関表の部門分類の設定方法 ………………………38
　第2節　一国産業連関表の部門分類と産業分類等との関係
　　　　　—日本表の部門分類を例に— ………………………………52
　まとめ ………………………………………………………………………60
　補　論　事業所の産業分類格付けとアクティビティについて …………65

iv

第3章　各国産業連関表の延長推計の方法 ……………佐野敬夫 … 79

はじめに ………………………………………………………… 79

第1節　一国産業連関表の延長推計 …………………………… 80

第2節　中間取引の延長推計方法 ……………………………… 88

第3節　拡張 RAS 法 …………………………………………… 111

おわりに ………………………………………………………… 118

第4章　輸入財需要先調査を通じた国別輸入表の作成

　　　　………………………………桑森　啓・玉村千治・佐野敬夫 … 123

はじめに ………………………………………………………… 123

第1節　国別輸入表の作成手順 ………………………………… 124

第2節　輸入財に関する特別調査の方法 ……………………… 128

おわりに ………………………………………………………… 141

補　論　RAS 法による輸入表の修正方法 …………………… 145

第5章　アジア国際産業連関表の簡易延長推計

　　　　……………………………佐野敬夫・玉村千治・桑森　啓 … 151

はじめに ………………………………………………………… 151

第1節　アジア国際産業連関表の簡易延長推計の概要 ……… 152

第2節　2010年アジア国際産業連関表の簡易延長推計 ……… 158

おわりに ………………………………………………………… 179

参　考　2005年表と推計2010年表の各種分析係数による2時点比較 … 181

索　引 …………………………………………………………… 203

アジア国際産業連関表の作成

序　章

本書のねらい

桑森　啓・玉村　千治

第1節　本書の背景と目的

　アジア経済研究所（以下本書では省略形を用いるときは「アジ研」とする）では，1970年代から40年以上にわたり，アジアの共同研究機関とともに主として東アジアを対象とする国際産業連関表の作成を行ってきた[1]。近年になって，国際機関や欧米の研究機関においても国際産業連関表の作成が行われるようになってきたものの，アジ研は世界で最も早くから，長期間にわたって本格的な国際産業連関表の作成を開始・継続してきた機関であり，この分野で先駆的な役割を果たしてきた。

　国際産業連関表の作成は多くの作業ステップに分かれており，各ステップにおいてさまざまな統計情報が必要となるため，その作成には多大なコスト（時間，労力）を要するとともに，さまざまな課題に直面する。アジ研では，作成経験を重ねる過程で，対象各国におけるデータの整備状況などをふまえつつ，作成上の諸課題を克服しながら国際産業連関表の作成方法を確立し，これまでに30を超える国際産業連関表を作成してきた。とくに，代表的成果であるアジア国際産業連関表（アジア表）については，2005年表が完成した結果，30年間にわたる6時点（1975年，1985年，1990年，1995年，2000年，2005年）の表が利用可能となった。

　一方，この間，欧米の研究者の間でも，国際産業連関表の作成手法に関す

る理論的・技術的な検討の蓄積が徐々に進み，近年では，欧米の学術機関や国際機関を中心に，大規模な国際産業連関表の作成も行われるようになってきた。

このような背景から，本書では，アジア表の作成方法について，他の理論的・技術的研究との関連を整理し，関連分野における位置づけや表の特徴を明らかにし，作成方法のひとつの応用としてアジア表の延長推計を試みる。本書はこれらの作業を通じて，これまでに蓄積されてきたアジ研の国際産業連関表作成に関する知見を，将来に発展的に引き継ぐための資料を整備することを目的としている。また，アジア表の作成手法とその課題を明らかにすることにより，その特徴や限界をふまえたより正確な分析に資することも意図している。

第2節　本書の構成

本書の構成は，以下のとおりである（図 序-1）。

まず，第1章において，アジア表の概要と作成手順を説明することにより，第2章以下で論じるアジア表の作成方法に関する諸課題の位置づけを明らかにし，これらのテーマが表の作成上とくに重要であることを浮き彫りにする。続く第2章から第4章においては，アジア表の作成に際して直面する幾つかの課題について検討を行っている。第5章では，第4章までに議論したアジア表の作成方法のひとつの応用として，アジア表の簡易延長推計を試みている。

以下では，図 序-1に示される各章の具体的な内容を簡単に説明する。

「第1章　アジア国際産業連関表の概要─作成手順と特徴─」では，第2章以降で論じられるアジア表作成に関する諸課題の位置づけを明らかにすることを目的として，アジア表の概要と作成手順について俯瞰的な説明を行っている。2005年アジア表を例にとり，アジア表の表形式について説明した後，

図 序-1　本書の構成

```
            ┌─────────────────┐
            │    ＜第1章＞     │
            │  アジア表の概要：│
            │  作成手順と特徴  │
            └─────────────────┘
                     │
                     ▼
┌───────────────────────────────────────────────────┐
│      アジア表の作成方法における基本要素の検討       │
│ ┌───────────┐  ┌───────────┐  ┌───────────┐ │
│ │  ＜第2章＞ │  │  ＜第3章＞ │  │  ＜第4章＞ │ │
│ │共通部門分類│  │各国表の延長│  │特別調査を通じた│ │
│ │  の設定   │  │   推計    │  │ 輸入表の作成 │ │
│ └───────────┘  └───────────┘  └───────────┘ │
└───────────────────────────────────────────────────┘
                     │
                     ▼
            作成方法の応用（発展）
            ┌─────────────────┐
            │    ＜第5章＞     │
            │ 2010年アジア表の │
            │  簡易延長推計    │
            └─────────────────┘
```

（出所）　筆者作成。

作成手順を7つのステップに分けて説明している。7つのステップに分けることにより，第2章から第4章において議論される各テーマの作成段階における位置づけが明らかにされる。また，前節でも触れたとおり，近年では欧米の学術機関や国際機関により，さまざまな国際産業連関表が作成されているため，それら他機関の表との比較を行い，アジア表が①長期間のデータが利用可能であること，②比較的詳細な部門分類を有すること，③特別調査の実施や誤差の原因究明を通じた調整作業により，現実を反映した統計表となっていることなどの特徴や意義を有することを明らかにしている。

「第2章　アジア国際産業連関表の共通部門分類の設定―考え方と方法―」では，アジア表の作成において最初に行われる作業であり，表を性格づける上で重要な共通部門分類の設定についての検討を行っている。本章では，3カ国以上の多国間からなる国際産業連関表（多国間表）を作成する場合の共通部門分類の設定方法について詳細な検討を行い，①多国間表の作成にあたっては共通部門分類の設定が不可欠であること，②共通部門分類の設定は，

各国の部門分類の分割より部門統合によらざるを得ず，対象国の数が増大するほどその部門数も少なくならざるを得ないこと，③基軸となる国の部門分類を用いて対象国の重要産業等を勘案しながらあらかじめ共通部門分類を設定し，その後に各国部門分類をこれに統一させる方法が，共通部門分類の各部門の定義も明確になるとともに表の作成作業の効率化にもつながり，最も現実的な方法であることを明らかにしている。また日本の産業連関表の部門分類を例にとり，複数国の共通部門設定の困難さについても議論している。

「第3章　各国産業連関表の延長推計の方法」では，産業連関表の延長推計の方法について検討を行っている。アジア表を作成するためには，対象10カ国について対象年次の産業連関表を揃える必要があるが，半数近くの国では対象年次の表が作成されていないため，これらの国については基準年次の表を用いて延長推計を行い，対象年次の表を作成する必要がある。そのため，本章では，産業連関表の延長推計の方法について考察を行っている。延長推計の一般的手順を説明した後，さまざまな延長推計の方法について網羅的なレビューを行い，各方法のパフォーマンス比較を行っている。2000年と2005年のアジア表から台湾とインドネシアの部分を抽出して2000年から2005年への延長推計を各種の延長推計方法を用いて行い，実際の2005年表の値との乖離の度合いを計測することにより，それぞれの方法の精度を総合的に検討した結果，RAS法が延長推計の方法として最も優れていると結論付けている。しかしながら，実際の延長推計に際しては，国によって利用できるデータに大きなちがいがあり，一般的なRAS法をアジア表の対象国に一律に適用することは困難である。そのため，アジア表の作成に際しては，RAS法のデータ制約を緩和するとともに，各国におけるデータの整備状況に合わせて，各国の情報を最大限反映させることができるように改良した「拡張RAS法」が用いられている。本章では，その「拡張RAS法」の方法についても説明を行っている。

「第4章　輸入財需要先調査を通じた国別輸入表の作成」では，特別調査を通じた国別輸入表の作成方法とその課題について論じている。アジア表は，

各国の産業連関表を貿易取引を通じて連結することにより作成されるため，国別輸入表の精度は，そのままアジア表の精度に直結する。しかしながら，相手国別に正確な国別輸入表を作成することは容易ではない。本章では，2005年アジア表の作成時にフィリピンで実施した輸入財需要先調査を例にとり，調査の実施方法について説明するとともに，実施上の課題について議論している。具体的には，調査票の設計，調査対象の選定，調査結果の輸入表への反映方法などについて説明を行い，①特別調査の実施は，対象年次から3年程度遅れて実施されるため，対象年次についての情報を収集することが困難な場合があること，②費用や時間の制約により，十分な大きさのサンプルの確保が困難であること，③信頼に足る調査結果を得ることが困難であることなどの課題を明らかにしている。また，補論において，調査結果を輸入表に反映する具体的方法のひとつとして，RAS法による反映方法を数値例を用いて紹介している。

　「第5章　アジア国際産業連関表の簡易延長推計」では，第4章までに検討を行ってきた作成方法のひとつの応用として，アジア表の簡易延長推計を試みている。第4章までで検討してきたとおり，アジア表の作成には多くの労力と時間を要し，作成の過程ではさまざまな困難に直面する。本章では，前章までで検討してきた作成上の諸課題をふまえ，困難を回避しつつアジア表を簡易な方法で推計する方法について検討を行っている。具体的には，2005年アジア表に第3章で説明された「拡張RAS法」を適用し，第2章で検討した共通部門分類の設定方法などもふまえつつ，2010年のアジア表の簡易延長推計を行った。延長推計の結果，拡張RAS法による延長推計はアジア表作成のひとつの有力な代替的手段となり得ると期待されるものの，基準年次の表として用いるアジア表にマイナス値が存在する場合は（一般的には在庫などにマイナス値が存在する），RAS法の収束条件が満たされず，推計結果に大きな歪みが生じる可能性があることや，厳密な推計を行うために多くの付加的情報を与えて取引額を固定してしまうと，その他の部分に歪みが集中してしまうなどの問題が生じることも明らかとなった。そのため，拡張

RAS法による延長推計に際しては，上記の問題が生じない程度に部門統合を行い，付加的情報による制約を最低限にとどめるなどの対応をとらざるを得ず，通常のアジア表のように，詳細な部門分類を有する表を同等の精度で推計することは極めて困難であり，このことが拡張RAS法による簡易延長推計の限界であると結論付けている。

〔注〕────────────────
(1) アジ研における国際産業連関表作成の経緯や，実際に作成されてきた国際産業連関表については，玉村・桑森（2014）や玉村・桑森・佐野（2012）を参照のこと。

〔参考文献〕

＜日本語文献＞

玉村千治・桑森啓 2014.「アジア国際産業連関表の歴史」玉村千治・桑森啓編『国際産業連関分析論—理論と応用—』（研究双書No. 609）日本貿易振興機構アジア経済研究所 41-77.

玉村千治・桑森啓・佐野敬夫 2012.「アジアの国際産業連関表 —その背景と経緯—」『産業連関 イノベーション＆I-Oテクニーク』20(1) 2月 15-22.

第1章

アジア国際産業連関表の概要

——作成手順と特徴——

桑 森 　啓・玉 村 　千 治・佐 野 　敬 夫

はじめに

　本章では，アジア経済研究所の国際産業連関表作成事業における代表的成果であるアジア国際産業連関表（アジア表）の概要と作成手順について説明を行い，第2章以降で論じるアジア表作成に関する諸課題の位置づけを明らかにする。

　第1節でアジア表の表形式について概観した後，第2節ではアジア表の作成手順について説明する。さらに，近年になって，欧米の国際機関や研究機関においても国際産業連関表が作成されるようになってきたことにかんがみ，第3節では，これら他機関の国際産業連関表との比較を通じて，アジア表の特徴と意義を明らかにする。

第1節　アジア国際産業連関表の概要

　本節では，アジ研が作成・公表してきたアジア表の概要について説明する[1]。最初に，アジ研が国内外の政府機関や研究機関と共同で作成したアジア表を紹介した後，直近の2005年アジア表を例にとり，そのレイアウトおよび

10

見方を説明する。

　表 1-1は，アジ研がこれまで作成・公表してきたアジア表の一覧である[2]。表 1-1に示すとおり，アジ研では，これまで6つのアジア表を作成してきた。各国の経済発展とそれに伴う産業構造の変化などにかんがみて，対象国数や内生部門数（産業部門数）などが見直されてきた結果，表により若干のちがいはあるものの，1985年の24部門にまで統合すれば，すべての時点の表を同じ基準で比較することが可能になっている。

　図 1-1は，2005年アジア表のレイアウトを示したものである。年次により

表 1-1　アジア経済研究所作成のアジア国際産業連関表

| 対象年 | 部門数・項目数 | | | 対象国 | | 公表年 |
	内生部門	最終需要[注3]	付加価値[注4]	内生国[注5]	外生国[注6]	
1975[注1]	56	4	4	8	1	1982
1985	24[注2]	4	4	10	2	1992
1990	78	4	4	10	2	1997
1995	78	4	4	10	2	2001
2000	76	4-5	4	10	3	2006
2005	76	4-5	4	10	4	2014

（出所）　IDE（1982，1992，1998）およびIDE-JETRO（2001，2006a，2006b，2013）に基づいて筆者作成。
（注1）　1975年は「アセアン諸国国際産業連関表」として発表。
（注2）　1985年については，作業段階では78部門で作成（未公表）。
（注3）　最終需要は，いずれの年次においても，基本的に「個人消費」，「政府消費」，「国内総固定資本形成」および「在庫変動」の4項目から構成されている。
　　　　ただし，2000年表においてはシンガポールおよび中国について，2005年表においては，マレーシア，フィリピン，シンガポールおよび中国の4カ国について，上述の4項目に加えて「調整項目」が存在する。
（注4）　付加価値は，いずれの年次においても「営業余剰」，「雇用者報酬」，「固定資本減耗」および「純間接税」の4項目から構成されている。
（注5）　内生国は，1975年については，インドネシア，マレーシア，フィリピン，シンガポール，タイ，韓国，日本および米国の8カ国であり，それ以外の表については，1975年の8カ国に中国および台湾を加えた10カ国・地域である。
（注6）　各表の外生国（地域）は，以下の通りである。
　　　　1975年：　その他世界
　　　　1985，1990，1995年：　香港，その他世界
　　　　2000年：　香港，EU（15カ国），その他世界
　　　　2005年：　香港，インド，EU（25カ国），その他世界

図 1-1　2005年アジア国際産業連関表のレイアウト

		中間需要 (A)										最終需要 (F)										輸出 (L)				統計的不突合 (QX)	国内生産額（総産出）(XX)
		インドネシア (AI)	マレーシア (AM)	フィリピン (AP)	シンガポール (AS)	タイ (AT)	中国 (AC)	台湾 (AN)	韓国 (AK)	日本 (AJ)	米国 (AU)	インドネシア (FI)	マレーシア (FM)	フィリピン (FP)	シンガポール (FS)	タイ (FT)	中国 (FC)	台湾 (FN)	韓国 (FK)	日本 (FJ)	米国 (FU)	香港への輸出 (LH)	インドへの輸出 (LG)	EUへの輸出 (LO)	その他世界への輸出 (LW)		
インドネシア	(AI)	A^{II}	A^{IM}	A^{IP}	A^{IS}	A^{IT}	A^{IC}	A^{IN}	A^{IK}	A^{IJ}	A^{IU}	F^{II}	F^{IM}	F^{IP}	F^{IS}	F^{IT}	F^{IC}	F^{IN}	F^{IK}	F^{IJ}	F^{IU}	L^{IH}	L^{IG}	L^{IO}	L^{IW}	Q^I	X^I
マレーシア	(AM)	A^{MI}	A^{MM}	A^{MP}	A^{MS}	A^{MT}	A^{MC}	A^{MN}	A^{MK}	A^{MJ}	A^{MU}	F^{MI}	F^{MM}	F^{MP}	F^{MS}	F^{MT}	F^{MC}	F^{MN}	F^{MK}	F^{MJ}	F^{MU}	L^{MH}	L^{MG}	L^{MO}	L^{MW}	Q^M	X^M
フィリピン	(AP)	A^{PI}	A^{PM}	A^{PP}	A^{PS}	A^{PT}	A^{PC}	A^{PN}	A^{PK}	A^{PJ}	A^{PU}	F^{PI}	F^{PM}	F^{PP}	F^{PS}	F^{PT}	F^{PC}	F^{PN}	F^{PK}	F^{PJ}	F^{PU}	L^{PH}	L^{PG}	L^{PO}	L^{PW}	Q^P	X^P
シンガポール	(AS)	A^{SI}	A^{SM}	A^{SP}	A^{SS}	A^{ST}	A^{SC}	A^{SN}	A^{SK}	A^{SJ}	A^{SU}	F^{SI}	F^{SM}	F^{SP}	F^{SS}	F^{ST}	F^{SC}	F^{SN}	F^{SK}	F^{SJ}	F^{SU}	L^{SH}	L^{SG}	L^{SO}	L^{SW}	Q^S	X^S
タイ	(AT)	A^{TI}	A^{TM}	A^{TP}	A^{TS}	A^{TT}	A^{TC}	A^{TN}	A^{TK}	A^{TJ}	A^{TU}	F^{TI}	F^{TM}	F^{TP}	F^{TS}	F^{TT}	F^{TC}	F^{TN}	F^{TK}	F^{TJ}	F^{TU}	L^{TH}	L^{TG}	L^{TO}	L^{TW}	Q^T	X^T
中国	(AC)	A^{CI}	A^{CM}	A^{CP}	A^{CS}	A^{CT}	A^{CC}	A^{CN}	A^{CK}	A^{CJ}	A^{CU}	F^{CI}	F^{CM}	F^{CP}	F^{CS}	F^{CT}	F^{CC}	F^{CN}	F^{CK}	F^{CJ}	F^{CU}	L^{CH}	L^{CG}	L^{CO}	L^{CW}	Q^C	X^C
台湾	(AN)	A^{NI}	A^{NM}	A^{NP}	A^{NS}	A^{NT}	A^{NC}	A^{NN}	A^{NK}	A^{NJ}	A^{NU}	F^{NI}	F^{NM}	F^{NP}	F^{NS}	F^{NT}	F^{NC}	F^{NN}	F^{NK}	F^{NJ}	F^{NU}	L^{NH}	L^{NG}	L^{NO}	L^{NW}	Q^N	X^N
韓国	(AK)	A^{KI}	A^{KM}	A^{KP}	A^{KS}	A^{KT}	A^{KC}	A^{KN}	A^{KK}	A^{KJ}	A^{KU}	F^{KI}	F^{KM}	F^{KP}	F^{KS}	F^{KT}	F^{KC}	F^{KN}	F^{KK}	F^{KJ}	F^{KU}	L^{KH}	L^{KG}	L^{KO}	L^{KW}	Q^K	X^K
日本	(AJ)	A^{JI}	A^{JM}	A^{JP}	A^{JS}	A^{JT}	A^{JC}	A^{JN}	A^{JK}	A^{JJ}	A^{JU}	F^{JI}	F^{JM}	F^{JP}	F^{JS}	F^{JT}	F^{JC}	F^{JN}	F^{JK}	F^{JJ}	F^{JU}	L^{JH}	L^{JG}	L^{JO}	L^{JW}	Q^J	X^J
米国	(AU)	A^{UI}	A^{UM}	A^{UP}	A^{US}	A^{UT}	A^{UC}	A^{UN}	A^{UK}	A^{UJ}	A^{UU}	F^{UI}	F^{UM}	F^{UP}	F^{US}	F^{UT}	F^{UC}	F^{UN}	F^{UK}	F^{UJ}	F^{UU}	L^{UH}	L^{UG}	L^{UO}	L^{UW}	Q^U	X^U
国際運賃・保険料	(BF)	BA^I	BA^M	BA^P	BA^S	BA^T	BA^C	BA^N	BA^K	BA^J	BA^U	BF^I	BF^M	BF^P	BF^S	BF^T	BF^C	BF^N	BF^K	BF^J	BF^U						
香港からの輸入	(CH)	A^{HI}	A^{HM}	A^{HP}	A^{HS}	A^{HT}	A^{HC}	A^{HN}	A^{HK}	A^{HJ}	A^{HU}	F^{HI}	F^{HM}	F^{HP}	F^{HS}	F^{HT}	F^{HC}	F^{HN}	F^{HK}	F^{HJ}	F^{HU}						
インドからの輸入	(CG)	A^{GI}	A^{GM}	A^{GP}	A^{GS}	A^{GT}	A^{GC}	A^{GN}	A^{GK}	A^{GJ}	A^{GU}	F^{GI}	F^{GM}	F^{GP}	F^{GS}	F^{GT}	F^{GC}	F^{GN}	F^{GK}	F^{GJ}	F^{GU}						
EUからの輸入	(CO)	A^{OI}	A^{OM}	A^{OP}	A^{OS}	A^{OT}	A^{OC}	A^{ON}	A^{OK}	A^{OJ}	A^{OU}	F^{OI}	F^{OM}	F^{OP}	F^{OS}	F^{OT}	F^{OC}	F^{ON}	F^{OK}	F^{OJ}	F^{OU}						
その他世界からの輸入	(CW)	A^{WI}	A^{WM}	A^{WP}	A^{WS}	A^{WT}	A^{WC}	A^{WN}	A^{WK}	A^{WJ}	A^{WU}	F^{WI}	F^{WM}	F^{WP}	F^{WS}	F^{WT}	F^{WC}	F^{WN}	F^{WK}	F^{WJ}	F^{WU}						
関税・輸入商品税	(DT)	DA^I	DA^M	DA^P	DA^S	DA^T	DA^C	DA^N	DA^K	DA^J	DA^U	DF^I	DF^M	DF^P	DF^S	DF^T	DF^C	DF^N	DF^K	DF^J	DF^U						
付加価値	(VV)	V^I	V^M	V^P	V^S	V^T	V^C	V^N	V^K	V^J	V^U																
国内生産額（総投入）	(XX)	X^I	X^M	X^P	X^S	X^T	X^C	X^N	X^K	X^J	X^U																

（出所）IDE-JETRO (2013, 5) 参照。

12

部門数や項目に若干のちがいはあるものの，アジア表のレイアウトは基本的にほぼ同じである。

図 1-1に示すとおり，2005年アジア表は10の内生国・地域（インドネシア，マレーシア，フィリピン，シンガポール，タイ，中国，台湾，韓国，日本，米国）および4つの外生国・地域（香港，インド，EU，その他世界）により構成されている。表の見方は以下のとおりである。

まず，表を列方向にみると，各産業の投入構造（費用構成）を知ることができる。中間取引部分（intermediate transaction）に着目すると，A^{rs}（$r, s=I,$ $M, P, S, T, C, N, K, J, U, H, G, O, W^{(3)}$）は，行・列ともに76の産業部門によって構成される正方行列であり（部門分類は第2章末尾の付表を参照のこと），対角部分の小行列 A^{rr}（$r=s$）の要素は r 国の産業が財・サービスを生産するために，国内の各産業から購入する財・サービスの量（国内取引，金額ベース）を示している。一方，非対角に位置する A^{sr}（$s \neq r$）の要素は r 国の産業が財・サービスを生産するために，s 国の産業から購入する財・サービスの量（輸入，金額ベース）を示している。たとえば，A^{II} の縦方向に並ぶ各要素は，インドネシアの産業が財・サービスを生産するためにインドネシア国内の各産業から購入する財・サービスの量を示しており，A^{MI} の縦方向に並ぶ各要素は，インドネシアの産業が財・サービスを生産するためにマレーシアの各産業から購入する財・サービスの量（輸入）を示している。同様に，$A^{PI}, A^{SI},$ $A^{TI} A^{CI}, A^{NI}, A^{KI}, A^{JI}, A^{UI} A^{HI}, A^{IG}, A^{OI} A^{WI}$ の縦方向に並ぶ各要素は，インドネシアの産業が財・サービスを生産するために，それぞれフィリピン，シンガポール，タイ，中国，台湾，韓国，日本，米国，香港，インド，EU およびその他世界の各産業から購入する財・サービスの量（輸入）を示している。

つぎに最終需要に着目すると，F^{rs} は産業部門数（行）が76，最終需要項目数（列）が4ないし5の行列であり，中間取引の場合と同様，対角に位置する小行列 F^{rr}（$r=s$）は r 国の産業によって生産された財・サービスに対する国内最終需要部門の購入量を，F^{sr}（$s \neq r$）は s 国の産業によって生産された財・サービスに対する r 国の最終需要部門の購入量（輸入）を示している。

なお，内生10カ国の輸入取引A^{sr}およびF^{sr}（r国の輸入）は，生産者価格で評価されており，外生4カ国との輸入取引A^{sr}およびF^{sr}（r国の輸入）はC.I.F.価格で評価されている。C.I.F.価格から生産者価格に変換するために内生国の輸入マトリクスA^{sr}およびF^{sr}（r国の輸入）から差し引かれたBA^rおよびBF^rは，内生国の輸入にかかる国際運賃・保険料である。また，内生国・外生国を問わず輸入取引にかかる輸入関税および輸入商品税は，DA^rおよびDF^rとして一括計上される。

V^rは，r国の各産業が財・サービスの生産に投入する付加価値（要素投入）であり，X^rはr国の各産業が財・サービスの生産に投入する総投入額（＝総生産額）である。

一方，表を行方向にみると，各産業の生産物の産出構造（販路構成）を知ることができる。対角部分の小行列A^{rr}はr国の産業によって生産された財・サービスの国内の産業に対する販売量（国内取引，金額ベース）を示し，非対角に位置するA^{rs}（$r \neq s$）の要素はr国の産業によって生産された財・サービスのs国の産業に対する販売量（輸出，金額ベース）を示している。たとえば，A^{II}の横方向に並ぶ各要素はインドネシアの産業によって生産された財・サービスのインドネシア国内の各産業に対する販売量を示しており，A^{IM}の横方向に並ぶ各要素は，インドネシアの産業によって生産された財・サービスのマレーシアの各産業に対する販売量を示している。同様に，A^{IP}，A^{IS}，A^{IT}，A^{IC}，A^{IN}，A^{IK}，A^{IJ}，A^{IU}における横方向に並ぶ各要素は，それぞれインドネシアの産業によって生産された財・サービスのフィリピン，シンガポール，タイ，中国，台湾，韓国，日本および米国の各産業に対する販売量（輸出）を示している。最終需要に着目すると，中間取引の場合と同様，対角に位置する小行列F^{rr}はr国の産業によって生産された財・サービスの国内最終需要に対する販売量を，F^{rs}はr国の産業によって生産された財・サービスのs国の最終需要への販売量（輸出）を示している。LH^r，LG^r，LO^r，LW^rは，それぞれ外生国である香港，インド，EUおよびその他世界へのr国からの輸出を表すベクトル（76×1）である。右端のX^rはr国の各産業の総生産額を

14

表すベクトル（76×1）である。また，QX^r（76×1）には統計誤差が計上される。

第2節　アジア国際産業連関表の作成手順

　本節では，第1節で紹介したアジア表の作成手順について説明する。アジア表の対象各国の産業連関表（各国表）は，対象年次や部門数，価格評価などさまざまな点で異なっている。表 1-2には，例として2005年のアジア表を作成する際に使用した対象各国の産業連関表の概要を示す。

　図 1-1に示すアジア表は，各国の表を統一的な基準に揃えた上で連結することによって作成される。そのプロセスは，おおむね以下の7段階に分けられる。

表 1-2　各国の産業連関表の概要

国　　名	対象年次（基本表）	内生部門数（行）	内生部門数（列）	価格評価
中　　国	2002	122	122	生産者価格
インドネシア	2005	175	175	生産者価格
韓　　国	2005	404	404	生産者価格
マレーシア	2005	120	120	基本価格
台　　湾	2004	161	161	生産者価格
フィリピン	2000	240	240	生産者価格
シンガポール	2000	152	152	基本価格
タ　　イ	2005	180	180	生産者価格
米　　国	2002	133	133	生産者価格
日　　本	2005	520	407	生産者価格
（アジア表）	(2005)	(76)	(76)	(生産者価格)

（出所）　筆者作成。
（注）　ここに示されているのは2005年アジア表の作成に用
　　　いた基本表であり，必ずしも各国の最新の表ではない場
　　　合がある。

第1章　アジア国際産業連関表の概要　15

1．共通部門分類の設定（部門分類コンバータの作成）

2．2005年各国産業連関表の作成

3．国別部門別貿易マトリクスの作成（輸入財需要先調査の実施を含む）

4．関連データの収集・推計（運輸・商業マージン，輸入関税・輸入品商品
　　税など）

5．各国表のアジア表部門分類への統合と米ドルへの価格の変換

6．各国表の連結（リンク）

7．調整作業による誤差の縮小

以下では，それぞれの段階について説明する。

1．共通部門分類の設定

　各国表を連結してアジア表を作成するためには，各国表の分類を共通の分類に統一する必要がある。そのため，最初にアジア表共通部門分類（以下「共通部門分類」と表記）を設定する。

　産業連関表における部門分類は，その国の経済の特徴を反映した「表情」とでも呼ぶべきものであり，アジア表においても，共通部門分類によりその「表情」が特徴付けられることになる。したがって，共通部門分類の設定は，アジア表作成の根幹をなす極めて重要な作業である。

　さまざまな分析目的に応えるためには，作成されるアジア表の部門数は可能なかぎり多いことが望ましい。しかしながら，表 1-2にあるとおり，各国表の部門数は，国により大きく異なっている。たとえば，日本や韓国の表は400以上の詳細な産業部門をもつ一方，中国やマレーシアの表は約120部門しかない。したがって，以下の点を勘案しつつ，共通部門分類を設定する。

　第1に，各国の産業構造である。各国表の部門分類には，その時点におけるその国の経済構造が反映されているが，アジア表作成のために部門分類を統一することは，各国の経済構造の特徴が犠牲にされてしまうことになる。

アジア表の対象国には，発展段階や経済構造が異なる国々が含まれているため，こうした国ごとの経済構造の特徴が極力失われることのないように留意して共通部門分類を設定する必要がある。

第2に，過去のアジア表との比較可能性である。表 1-1に示すとおり，アジア表は1975年以降6つの表が作成されている。表により部門数は異なっているものの，部門を統合することにより，すべての時点の表を比較することが可能になっている。したがって，共通部門分類の設定に際しては，過去のアジア表との比較可能性を考慮する必要がある。

第3に，各国において利用可能な情報量である。種々の分析目的に対応したり，各国の産業構造を反映した表を作成するためには，部門数は多いことが望ましいが，国によって利用できる情報量は異なっている。そのため，部門分類は，最も情報の少ない国の部門数に制約されることになる。

2．2005年各国産業連関表の作成

2005年アジア表を作成するためには，内生10カ国について，同一の基準で作成された2005年の産業連関表を揃える必要がある。しかしながら，表 1-2に示すとおり，各国の産業連関表は，多くの点で異なっている。

表 1-2に示す各国表の特徴のうち，国際産業連関表の作成に際して最も大きな問題となるのは，対象年次のちがいである。各国の産業連関表（基本表）の作成年次は，経済センサスなど他の統計の作成年次に大きく依存しているため，国ごとに異なっている。したがって，対象年次の表が存在しない国については，利用可能な2005年のデータを用いて延長推計を行う必要がある（図 1-2(1)参照）。2005年アジア表の作成に際しては，中国，台湾，フィリピン，シンガポール，米国の5カ国について，RAS法による延長推計を行った。

また，2005年の産業連関表が利用可能であったとしても，部門分類や価格評価などの表形式は国によって異なっている。したがって，アジア表の共通部門分類である76部門に変換可能にするための部門分割や，基本価格の生産

第1章　アジア国際産業連関表の概要　17

(1) 2005年表への延長推計

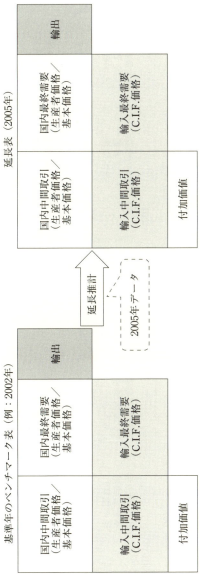

図1-2　2005年産業連関表の準備

(出所)　筆者作成。

(2) アジア表分類に変換するための部門分割

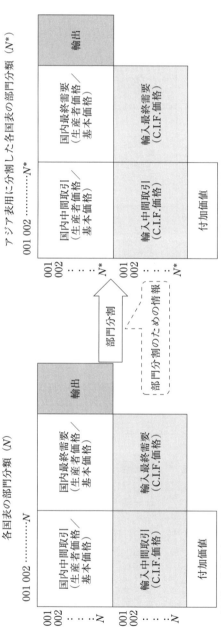

(出所) 筆者作成。

第 1 章 アジア国際産業連関表の概要 19

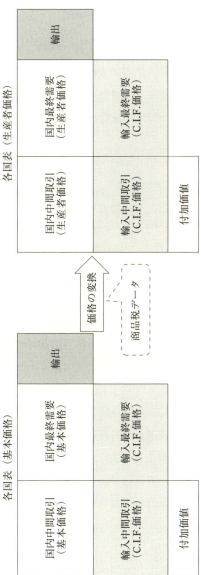

(3) 基本価格から生産者価格への変換

(出所) 筆者作成。

者価格への変換などの処理も必要になる（図 1-2(2)および(3)参照）。

3．国別部門別貿易マトリクスの作成

つぎに各国表に含まれる輸出ベクトルおよび輸入マトリクスを国別に分割する。図 1-1に示すとおり，アジア表は各国の産業連関表を貿易マトリクスを通じて連結することにより作成されるため，（各国表の存在を前提とすれば）いかにして正確な貿易マトリクスを作成するかが，アジア表の精度を確保する鍵となる。

(1)　国別輸出ベクトルの作成

まず，財輸出については，各国の貿易統計を用いて，国別部門別に分割することができる（図 1-3）。ただし，貿易統計では輸出額は F.O.B. 価格で計上されているため，国内運賃・国内商業マージン（domestic transport costs and domestic trade margins: TTM）を「剥ぎ取って」，生産者価格に変換する必要がある。TTM のデータは，一般に各国表より得ることができる。

サービス輸出については，国際収支統計（Balance of Payments Statistics: BOP）から得ることができる。ただし，相手国別のサービス輸出額に関する情報は得ることができないため，アジア表ではサービス輸出については「その他世界（Rest of the World: R.O.W.）」に対する輸出として一括計上される。

ここで注意すべきことは，産業連関表における輸出ベクトルにおける輸出額と，輸出統計や国際収支統計から得られる輸出額が一般には一致しないことである。したがって，産業連関表における行方向におけるバランスを保つためには，以下のいずれかの方法で国分割を行う必要がある。

① 貿易統計から計算される国別シェアを用いて産業連関表の輸出ベクトルを国分割する。

② 「その他世界への輸出」については，輸出ベクトルにおける輸出額から，その他世界を除く12カ国への貿易統計ベースの輸出額を差し引い

第1章　アジア国際産業連関表の概要　21

図 1-3　輸出ベクトルの国分割

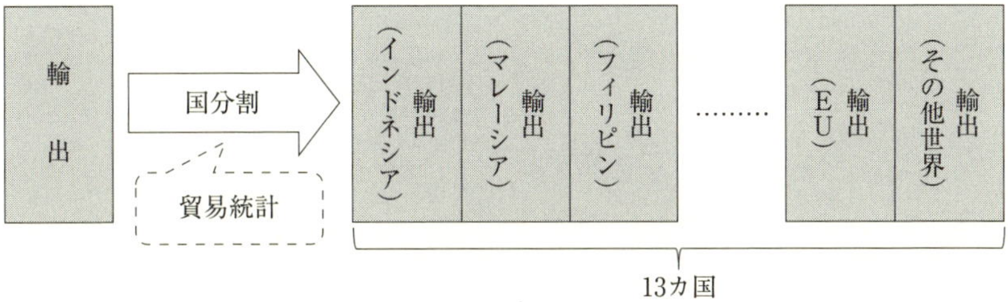

（出所）　筆者作成。

　　た残差として定義することにより，輸出総額を産業連関表の輸出ベク
トルと一致させる。
　貿易統計の値を反映させるという点では②の方法が望ましいが，上で述べ
たとおり，産業連関表における輸出ベクトルの値と貿易統計の値とは必ずし
も整合的ではないため，②の方法を用いると，12カ国の輸出額を差し引いた
結果，幾つかの部門では，「その他世界への輸出」の値がマイナスになって
しまうことがある。そのため，2005年表の作成に際しては，①の方法で輸出
ベクトルの国分割を行っている。

(2)　輸入マトリクスの作成
　各国の産業連関表においては，輸入マトリクスは1枚しか存在しないため，
2005年アジア表の作成に際しては，それを相手国別（13カ国）に分割する必
要がある。国別部門別輸入マトリクスの作成は，以下の2段階で行われる。
　第1段階では，貿易統計から計算される国別シェアを用いて，1枚の輸入
マトリクスを相手国別に分割する（図 1-4）。
　しかし，単純に輸入額のシェアを用いて分割しただけでは，すべての国に
おいて輸入財の需要構造は同一になってしまう。Isard（1951）や Armington
（1969）が指摘しているように，同一の産業部門の生産物であっても，国や
地域によって技術や財に対する需要構造（選好）は異なるため，異なる国や
地域で生産された財は異なる財と考えるのがより現実的である[4]。したがっ

22

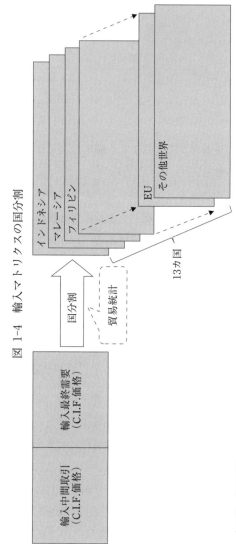

図 1-4 輸入マトリクスの国分割

(出所) 筆者作成。

第1章 アジア国際産業連関表の概要 23

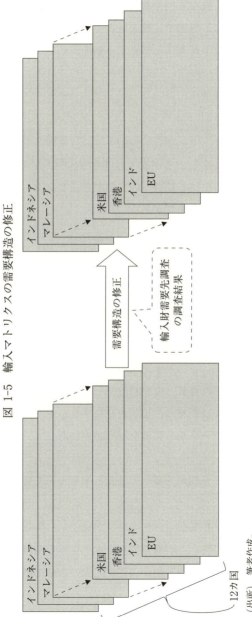

図 1-5 輸入マトリックスの需要構造の修正

(出所) 筆者作成。

24

て，第2段階として，異なる国や地域で生産された財に対する実際の需要構造が反映されるように，各国で「輸入財需要先調査」を実施し，その結果を用いて分割した輸入マトリクスを修正する処理が必要となる（図 1-5）[5], [6]。

4．関連データの推計

表 1-2に示すとおり，アジア表においては，対象国間の取引は生産者価格で評価されている。しかし，各国表における輸入マトリクスはC.I.F.価格で評価されているため，生産者価格への変換が必要となる。したがって，以下のデータを収集・推計する必要がある。

①　部門別国内運賃・国内商業マージン（TTM）
②　部門別輸入関税・輸入品商品税
③　国別部門別国際運賃・保険料

上記データは，一般に各国の産業連関表や貿易統計から得ることができる。ただし，国別部門別国際運賃・保険料のデータについては，収集が困難であり，国や部門によっては多くの欠損値が存在する。したがって，欠損値については，利用可能なデータから推計を行う必要がある[7]。

5．各国表のアジア表部門分類への統合と米ドルへの変換

各国表の加工および必要なデータの推計が完了した時点で，各国表を連結可能にするために部門統合と現地通貨から米ドルへの変換を行う。
まず，各国間で異なる部門分類からアジア表の共通部門分類である76部門に変換する（図 1-6）。
つぎに，為替レートを用いて現地通貨から米ドルに変換する。表 1-3は，

第1章 アジア国際産業連関表の概要 25

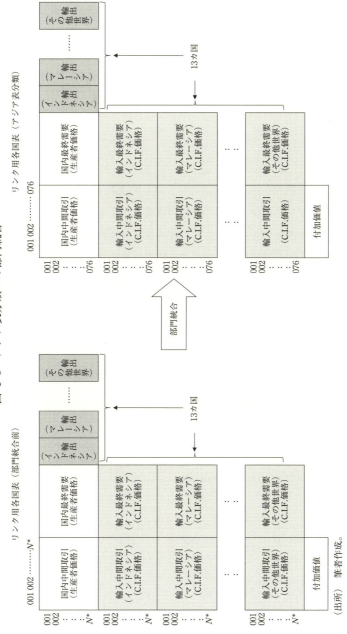

図 1-6 アジア表分類への部門統合

(出所) 筆者作成。

2005年アジア表作成に際して使用した為替レートである。表 1-3に示すとおり，現地通貨から米ドルへの変換には，国際通貨基金（International Monetary Fund: IMF）の International Financial Statistics（IFS）に掲載されている年平均為替レート（rf）を使用した。台湾については，アジア開発銀行（ADB: Asian Development Bank）の年平均為替レートを用いた。

6．各国表の連結（リンク）

すべての各国表が揃った段階で，それらを連結（リンク）し，アジア表を作成する。最も単純な2カ国の場合の連結方法を示したのが図 1-7である。

図 1-7に示すとおり，リンクは自国の産業連関表における相手国への輸出ベクトルを，相手国の輸入マトリクスに置き換えることによって行われる。図 1-7の例では，国Rの表における国Sへの輸出ベクトルは，国Sの表における国Rからの輸入マトリクスによって置き換えられ，国Sの国Rへの輸出ベクトルは，国Rの表における国Sからの輸入マトリクスによって置き換えられることになる。2005年アジア表の場合には，内生10カ国について，

表 1-3　現地通貨から米ドルへの換算レート（2005年）

国	現地通貨／米ドル	為替レート	備　　考
インドネシア	Rupiah/US$	9,704.70	Market Rate (rf)
マレーシア	Ringgit/US$	3.7871	Official Rate (rf)
フィリピン	Pesos/US$	55.085	Market Rate (rf)
シンガポール	S$/US$	1.6644	Market Rate (rf)
タ　イ	Baht/US$	40.22	Official rate (rf)
中　国	Yuan/US$	8.1943	Market Rate (rf)
台　湾	NT$/US$	32.2	Average of Period
韓　国	Won/US$	1,024.12	Market Rate (rf)
日　本	Yen/US$	110.22	Market Rate (rf)

（出所）　International Monetary Fund, *International Financial Statistics*, December 2006。
台湾については、Asian Development Bank, *Key Indicators 2005*, 2006。

図 1-7　各国表の連結（リンク）（2カ国のケース）

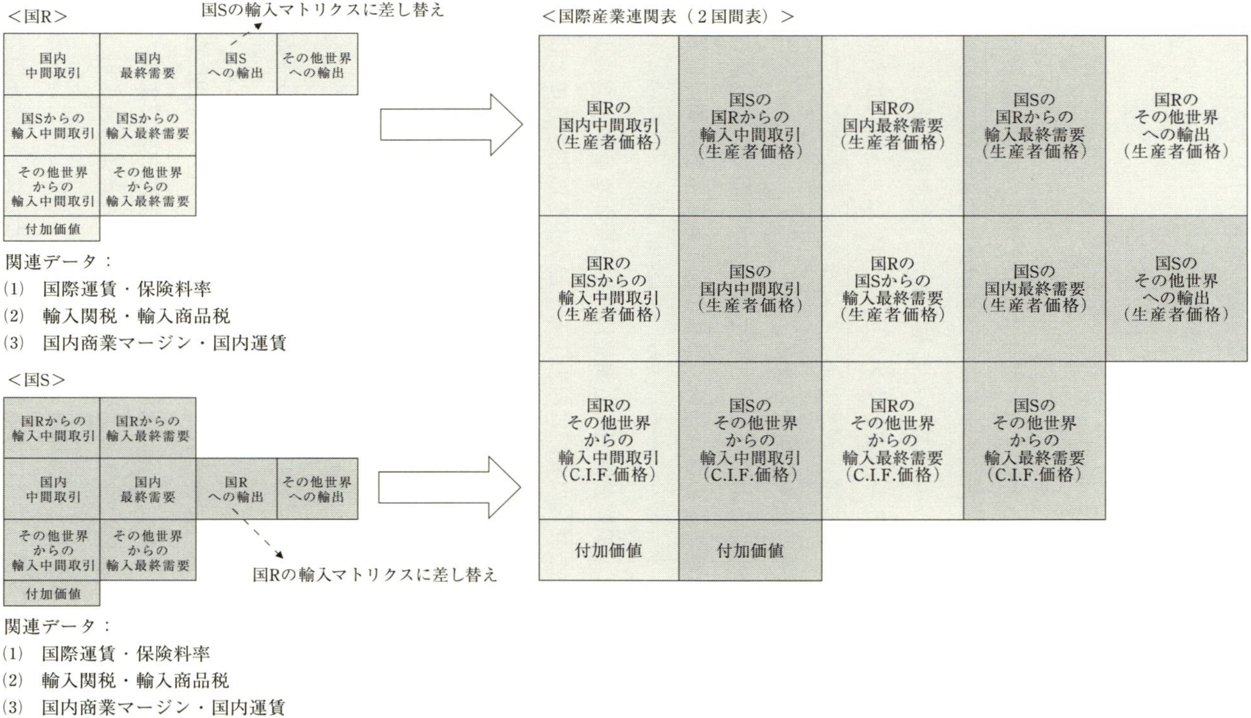

＜国際産業連関表（2国間表）＞

	国Sの国内中間取引（生産者価格）	国Rの国内最終需要（生産者価格）	国SのR国からの輸入最終需要（生産者価格）	国Rのその他世界への輸出（生産者価格）
国Rの国内中間取引（生産者価格）				
国Rからの国内中間取引（生産者価格）	国Sの国内中間取引（生産者価格）	国Rからの国内最終需要（生産者価格）	国Sの国内最終需要（生産者価格）	国Sのその他世界への輸出（生産者価格）
国Rのその他世界からの輸入中間取引（C.I.F.価格）	国Sのその他世界からの輸入中間取引（C.I.F.価格）	国Rのその他世界からの輸入最終需要（C.I.F.価格）	国Sのその他世界からの輸入最終需要（C.I.F.価格）	
付加価値	付加価値			

＜国R＞

国Sの輸入マトリクスに差し替え

国内中間取引	国内最終需要	国Sへの輸出	その他世界への輸出
国Sからの輸入中間取引	国Sからの輸入最終需要		
その他世界からの輸入中間取引	その他世界からの輸入最終需要		
付加価値			

関連データ：

(1) 国際運賃・保険料率
(2) 輸入関税・輸入商品税
(3) 国内商業マージン・国内運賃

＜国S＞

国Rの輸入マトリクスに差し替え

国内中間取引	国内最終需要	国Rへの輸出	その他世界への輸出
国Rからの輸入中間取引	国Rからの輸入最終需要		
その他世界からの輸入中間取引	その他世界からの輸入最終需要		
付加価値			

関連データ：

(1) 国際運賃・保険料率
(2) 輸入関税・輸入商品税
(3) 国内商業マージン・国内運賃

（出所）筆者作成。

28

9カ国への輸出ベクトルが，それぞれ相手国の輸入マトリクスに置き換えられることにより連結（リンク）が行われる。

7．調整作業

各国表をリンクすることにより，図 1-1に示す形式のアジア表が作成されることになる。しかし，自国の貿易統計に基づいて作成された輸出額と，相手国の貿易統計に基づいて作成された輸入額が一致する保証はないため，図 1-7に示す手順により各国表をリンクしただけでは，一般に行方向の合計値と国内生産額との間に誤差が生じることになる[8]。産業によっては，誤差が国内生産額の数倍に達する場合もある。

こうした誤差が生じるおもな原因としては，①各国間での貿易品目の格付けのちがい，②中継貿易の取り扱い，③輸出国と輸入国との間で貿易額が計上されるタイミング（年次）のちがいなどが挙げられる。したがって，これらの原因を特定し，誤差を解消する調整作業が必要となるが，②および③に関しては，誤差がこれらの要因に起因するかどうかを識別することは極めて困難である。そのため，調整は主として①の貿易品目の格付けのちがいに起因する誤差に関して行われることになる。調整の具体的な手順は以下のとおりである。

(1)　リンクにより差し替えを行う前の輸出ベクトルに計上されている輸出額と，差し替えた後の輸入相手国の輸入マトリクスに計上されている輸入額を各部門について比較することにより，誤差の大きさおよびおもな原因となっている輸入相手国を特定する。

(2)　輸出国の各部門に含まれる貿易品目と輸入相手国の各部門に含まれる輸入品目を照合し，各部門に含まれる品目の離齬を確認する。

(3)　輸出国の各部門に含まれる貿易品目と離齬の存在する輸入相手国の貿易品目について，貿易統計に基づいて金額を適切な部門に移動させることにより品目格付けの離齬を解消するとともに，当該部門の誤差を

縮小させる。

　上記の調整作業を通じた後に残る誤差については，根本的な統計的不突合
として図 1-1における *QX* の列に計上される。以上の作業を通じて，最終的
にアジア表が完成することになる。

第3節　アジア国際産業連関表の特徴

　アジ研は，1970年代から続くアジア表の作成を通じて国際産業連関表の作
成において先駆的な役割を果たしてきたが，近年では欧米の国際機関や研究
機関においても国際産業連関表の作成・公表が行われるようになってきた。
そこで，本節では，他機関で作成されている国際産業連関表との比較を通じ
て，前節で説明した方法で作成されるアジア表が有している特徴や意義を明
らかにする。
　表 1-4は，主要機関による国際産業連関表の作成状況をまとめたものであ
る。これらの国際産業連関表は，それぞれ独自の目的のもとで作成され，異
なる特徴をもっているが，中でもアジア表と他機関による国際産業連関表に
は，ふたつの大きなちがいがある。
　第1に，対象期間のちがいである。近年になって作成を開始した他の機関
は，1990年（あるいは2000年）以降の表しか作成・公表していないのに対し，
アジア表については1975年および1985年の表も作成されている。1990年代以
降，毎年の表が作成されているグローニンゲン大学などの WIOD やシドニー
大学の Eora とは異なり，5 年あるいは10年間隔ではあるものの，アジア表
の場合は長期間にわたる表が利用可能である[9]。
　第2に，対象国・地域のちがいである。アジア表の対象国・地域が10カ国
であるのに対し，他機関の表は最も少ないアジア開発銀行の ADB-MRIO で
も35カ国と，アジア表よりもはるかに多い対象国・地域をカバーした表を作

30

表 1-4　国際産業連関表の作成状況

データベース名	作成機関	対象年次	対象国数	部門数
Inter-Country Input-Output Tables (ICIO)	経済協力開発機構 (OECD)	1995, 2000, 2005, 2008, 2009, 2010, 2011	62	34
World Input-Output Database (WIOD)	グローニンゲン大学など 12機関	1995-2011	40	35
EXIOPOL	ノルウェー科学技術大学 など6機関	2000, 2007	43	129
ADB-MRIO	アジア開発銀行 (ADB)	2000, 2005,	35	35
Eora	シドニー大学	1990-2013	189	26
GTAP-MRIO	パデュー大学	1990, 1992, 1995, 1997, 2001, 2004, 2007	129	57
アジア国際産業連関表 (アジア表)	日本貿易振興機構 アジア経済研究所 (IDE-JETRO)	1975, 1985, 1990, 1995, 2000, 2005	8-10	24-78

（出所）　Timmer（2012），Tukker and Dietzenbacher（2013），Lenzen et al.（2013），Tukker et al.（2013），Dietzenbacher et al.（2013），Andrew et al.（2013），Timmer et al.（2015）および Mariasingham
（http://www.wiod.org/new_site/otherdata/ADB/ADB_MRIO_SM.pdf）より作成。

　成している。シドニー大学の Eora に至っては対象国・地域の数が189に上っており，ほぼ全世界をカバーする表が作成されている。この対象国・地域のカバレッジのちがいは，以下のようなアジア表と他機関による国際産業連関表との大きな相違を生む要因となっている。
　ひとつは，産業部門数のちがいである。アジア表は，1975年表の56部門以外は76～78部門で作成・公表されており，国際産業連関表の中でも比較的多い部門数を有している。他機関の表のように対象国数が多くなると，共通の部門分類に統一するためには，各国間の概念調整が難しくなるとともに，時間や費用などのコストがかかるため，かなり統合されたレベルでの最大公約数的な部門数とならざるを得ない。アジア表の場合は，対象国が10カ国・地域に限定されているため，各国表の産業部門数に差があっても，特定の国に

ついて追加調査などを行って部門分割を行い，比較的詳細な共通分類を設定
することが可能となる。

　さらに，対象国・地域数のちがいに起因するより大きな特徴として，第2
節でみたように，アジア表は5～7年間をかけて，特別調査に基づく輸入表
の作成や，誤差原因の究明を通じた（手作業による）バランス調整を行って
表を作成している点が挙げられる。他機関の表は，対象国・地域数が多いこ
と，またWIODやEoraなどは毎年の表を作成するなど作成頻度が高いこと
などから，アジア表のように国際産業連関表作成のために新たに調査を実施
したり，逐一品目格付けを確認し，バランス調整を行うことは困難である。
したがって，他機関の表の作成は，基本的に既存の情報（国民所得統計，貿
易統計，アジア表などの他機関作成の国際産業連関表など[10]）を利用して，機械
的な方法により行われている[11]。

　このように，一般に対象国・地域の数と表の精度の間にはトレード・オフ
の関係がある（Timmer et al. 2015, 578-579）。アジア表は即時性に欠け，分析
の対象国・地域が他機関の表に比べて少ないため，分析対象となる国・地域
が限定される反面，特別調査や厳密なバランス調整を行うことを通じ，より
実態を反映した（精度の高い）表になっている（Timmer et al. 2015, 579）点に，
他機関で作成された国際産業連関表とは異なる特徴がある。

　以上みてきたように，現在ではアジア表のみならず複数の機関により，ア
ジア表よりも大規模な国際産業連関表が作成・公表されている。しかし，上
述のように，その作成方法において他機関の表とは大きく異なる特徴をもつ
アジア表は，統計資料として優れた価値を有していると考えられる。

　　おわりに

　本章では，第2章以降で展開される議論の導入として，アジア表のレイア
ウトおよび作成手順について説明した。作成手順を7つのステップに分けて

説明することにより，第2章以降において議論される各テーマの作成段階における位置づけを明確にするとともに，共通部門分類の設定や国別貿易マトリクスの正確な推計が，アジア表の精度を確保する上でとくに重要であることを示した。

また，近年になって欧米の国際機関や研究機関によって作成されるようになったことにかんがみ，他機関の国際産業連関表との比較を行い，アジア表が以下の特徴や意義を有していることを明らかにした。

(1) 他機関の表と比較して比較的詳細な分類を有すること。

(2) 特別調査や誤差の原因究明を通じた調整作業を行っていること。

(3) その作成方法から，アジア表は現実を反映した表となっており，統計表として優れた価値を有していること。

次章以降では，作成手順の中でとくに重要な要素である共通部門分類の設定や貿易マトリクスの作成などのテーマについて，より詳細な検討を行っていく。

〔注〕─────────────

(1) 本節（第1節）および次節（第2節）の記述は，玉村・桑森（2014, 231-244）をベースとして，本書の構成や目的に合わせて加筆修正を施したものである。

(2) アジ研では，表 1-1に示すアジア表のほかにも，アジア各国の産業連関表や，日本とアジア各国および米国の産業連関表を連結した二国間国際産業連関表などを作成している。これらの表については，玉村・桑森（2014）などを参照のこと。

(3) 各アルファベットは，以下の国・地域を表すコードである。
I：インドネシア，M：マレーシア，P：フィリピン，S：シンガポール，T：タイ，C：中国，N：台湾，K：韓国，J：日本，U：米国，H：香港，G：インド，O：EU，W：その他世界。

(4) Isard（1951, 320）参照。

(5) 実際には，すべての国において特別調査を実施することは困難である。2005年アジア表の作成に際しても，特別調査を実施することができたのはフ

ィリピンなど一部の国のみである。

(6)　Polenske（1970）は，貿易財の供給・需要構造が各国間で同一であると仮定して作成された表の精度の評価を行っている。Polenske（1970）では，チェネリー＝モーゼス・モデル，供給モデルおよびレオンティエフ＝ストラウス・モデルに基づいて1960年および1963年の日本の地域間表を推定し，実際のデータとの比較が行われている。Polenske（1970）は，いずれのモデルも全体としては3〜4％程度の誤差に収まるものの，部門レベルでは100％を超える誤差が生じる部門が多くみられたとの結果を報告している。

(7)　国際運賃・保険料率の推計方法の詳細については，IDE-JETRO（2012）を参照。

(8)　このように，国rから国sへの輸出統計と，国sの国rからの輸入統計の間に齟齬が生じる問題は，"mirror statistics problem" と呼ばれる（Jones et al. 2014, 31など）。

(9)　アジア表よりも対象年次が古い国際産業連関表のデータベースとしては，グローニンゲン大学が作成・公表している EC の6カ国および25部門からなる1965，1970，1975，1980，1985年の5時点の Intercountry EU tables がある。

(10)　たとえば，Eora や GTAP の国際産業連関表の作成に際しては，データ・ソースの一部としてアジア表やその他のアジ研作成の産業連関表が利用されている（Lenzen et al. 2013, 22や Gehlhar et al. 1997などを参照のこと）。

(11)　他機関の表の作成方法については，たとえば Timmer（2012），Tukker and Dietzenbacher（2013），Lenzen et al.（2013），Tukker et al.（2013），Dietzenbacher et al.（2013），Andrew et al.（2013）および Mariasingham（http://www.wiod.org/new_site/otherdata/ADB/ADB_MRIO_SM.pdf）などを参照のこと。

〔参考文献〕

＜日本語文献＞

玉村千治・桑森啓 2014.「アジア国際産業連関表の歴史」玉村千治・桑森啓編『国際産業連関分析論―理論と応用―』（研究叢書 No. 609）　日本貿易振興機構アジア経済研究所　41-78.

―――― 2014.「アジア国際産業連関表の作成方法」玉村千治・桑森啓編『国際産業連関分析論―理論と応用―』（研究叢書 No. 609）　日本貿易振興機構アジア経済研究所　231-248.

34

<外国語文献>

Armington, P. S. 1969. "A Theory of Demand for Products Distinguished by Place of Production," *IMF Staff Papers*, 16(1) March: 159-176.

Andrew, G. and G. P. Peters 2013. "A Multi-Region Input-Output Table Based on Global Trade Analysis Project Database (GTAP-MRIO)," *Economic Systems Research*, 25(1) March: 99-121.

Dietzenbacher, E, B. Los, R. Stehrer, M. Timmer and G. de Vries 2013. "The Construction of World Input-Output Tables in the Wiod Project," *Economic Systems Research*, 25(1) March: 71-98.

Gehlhar, M., D. Gray, T. W. Hertel, K. M. Huff, E. Ianchovichina, B. J. McDonald, R. McDougall, M. E. Tsigas and R. Wigle 1997. "Overview of the GTAP database," In *Global Trade Analysis: Modeling and Applications*, edited by Thomas W. Hertel. Cambridge; Cambridge University Press, 74-123.

IDE (Institute of Developing Economies) 1982. *International Input-Output Table for ASEAN Countries 1975*, (I.D.E. Statistical Data Series, No. 39) Tokyo; Institute of Developing Economies.

―――― 1992. *Asian International Input-Output Table 1985*, (I.D.E. Statistical Data Series, No. 65) Tokyo; Institute of Developing Economies.

―――― 1998. *Asian International Input-Output Table 1990*, (I.D.E. Statistical Data Series, No. 81) Chiba; Institute of Developing Economies.

IDE-JETRO (Japan External Trade Organization. Institute of Developing Economies) 2001. *Asian International Input-Output Table 1995*, (I.D.E. Statistical Data Series, No. 82) Chiba; IDE-JETRO.

―――― 2006a. *Asian International Input-Output Table 2000: Explanatory Note*, (I.D.E. Statistical Data Series, No. 89) Chiba; IDE-JETRO.

―――― 2006b. *Asian International Input-Output Table 2000: Data*, (I.D.E. Statistical Data Series, No. 90) Chiba; IDE-JETRO.

―――― 2012. *Asian International Input-Output Table 2005: Explanatory Notes*, (Asian International Input-Output Series, No. 78) Chiba; IDE-JETRO.

―――― 2013. *Asian International Input-Output Table 2005*, (I.D.E. Statistical Data Series, No. 98) Chiba; IDE-JETRO.

Isard, W. 1951. "Interregional Input-Output Analysis: A Model of a Space-Economy," *Review of Economics and Statistics*, 33(4) November: 318-328.

Jones, L., Z. Wang, L. Xin and C. Degain 2014. "The Similarities and Differences among Three Major Inter-Country Input-Output Databases and Their Implications for Trade in Value-Added Estimates," *Office of Economics Working Paper*, No. 2014-12B, U.S. International Trade Commission, December 2014.

第 1 章　アジア国際産業連関表の概要　35

Lenzen, M., D. Moran, K. Kanemoto, and A. Geschke 2013. "Building Eora: A Global Multi-Region Input-Output Database at High Country and Sector Resolution," *Economic Systems Research*, 25(1) March: 20-49.

Mariasingham, J., "ADB Multi-Region Input-Output Database: Sources and Methods," (http://www.wiod.org/new_site/otherdata/ADB/ADB_MRIO_SM.pdf).

Polenske, K. R. 1970. "An Empirical Test of Interregional Input-Output Models: Estimation of 1963 Japanese Production," *American Economic Review*, 60(1) March: 76-82.

Timmer, M. P. ed. 2012. "The World Input-Output Database (WIOD): Contents, Sources and Methods," *Working Paper*, No. 10, World Input-Output Database, April.

Timmer, M. P. et al. 2015. "An Illustrated Guide to the World Input-Output Database: the Case of Global Automotive Production," *Review of International Economics*, 23(3) August: 575-605.

Tukker, A. and E. Dietzenbacher 2013. "Global Multiregional Input-Output Frameworks: An Introduction and Outlook," *Economic Systems Research*, 25(1) March: 1-19.

Tukker, A. et al. 2013. "Exiopol – Development and Illustrative Analyses of a Detailed Global MR EE SUT/IOT," *Economic Systems Research*, 25(1) March: 50-70.

第2章

アジア国際産業連関表の共通部門分類の設定
——考え方と方法——

玉 村 千 治・桑 森 啓・佐 野 敬 夫

はじめに

　複数の国の産業連関表を交易による投入産出関係で結んだ国際産業連関表の作成にあたっては，その表独自のI/O部門分類を設定する必要がある。しかもそのI/O部門分類は，分析利用の観点から対象各国の産業の特徴および対象国間の貿易の特徴を生かした詳細な分類体系になることが望ましい。

　一般に国際産業連関表のI/O部門分類設定では，その表が内生国として包含するすべての国のI/O部門分類の「共通部門分類」を設定する方法がとられる。この「共通部門分類」は各国のI/O部門すべてが重複なく対応する部門体系であり，内生国のI/O部門の概念・定義等を比較して設定される。

　しかし，各国I/O部門間の共通性・相違性の線引きは容易ではなく，ある国のI/O部門を分割したり統合したりする必要も出てくる。したがって詳細な共通部門分類の設定は，対象各国のI/O部門分類の細かさと部門分割用の詳細な統計資料の利用可能性に依存する。以下の節の日本の例でみるように，各国産業連関表（各国表）のI/O部門分類が準拠すべき国連の国際標準産業分類と乖離していることが，共通部門分類の設定を難しくする要因のひとつである。また，各国表のI/O部門数のちがいは生産額等を推計す

る統計資料の利用可能性と連動しており，共通部門数を制約する要因である。したがって，共通部門分類の設定は各国の部門分割よりも部門統合に頼ることが多く，対象国の数が増大するほどその部門数も少なくならざるを得ない。より精緻な分析を可能にする国際産業連関表の作成にはこうした課題の克服が必要である。

　以上をふまえて，本章では，アジア国際産業連関表（アジア表）の共通部門分類の設定方法が国際産業連関表の共通部門分類設定の最も現実的な方法であろうことを示唆するために，次のような構成をとる。

　第1節で共通部門分類の設定方法の考え方を整理し，とくに3カ国以上の国際産業連関表の共通部門設定では，詳細部門を有する国のI/O部門分類（本章では基軸部門分類とよぶ）を中心にして共通部門分類を設定する方法が共通部門の定義の明確性からも表作成の時間的な効率性からも最も現実的な方法であろうと仮定し，アジア表の共通部門分類はその方法で設定されていることを紹介する。さらに，共通部門分類を設定しない方法についても考察し，共通部門分類の設定は不可欠であることを確認し，これまで作成された多くの国際産業連関表の共通部門分類の設定方法の概要もレビューする。

　また第2節では，国際産業連関表のもととなる各国表の部門分類が国連の国際標準産業分類には必ずしも準拠せず各国独自の統計体系に準拠していることを日本のI/O部門を例にして示し，複数国の共通部門設定の困難さを明らかにする。ただ，その中でも貿易統計と各国のI/O分類には詳細な対応付けがなされているので，部門分割には有用な役割を果たせる場合があることも示唆する。

　最後に，各節で考察した点を簡潔に整理して本章のまとめとする。

第1節　国際産業連関表の部門分類の設定方法

　ここでは国際産業連関表を簡便のために二国間国際産業連関表（例をより

図 2-1 国際産業連関表のひな形（例：日本―シンガポール二国間表）

	日本 1 2 ……… m	シンガポール 1 2 …… n				
日本 1 2 : : m	X_{jj}	X_{js}	F_{jj}	F_{js}	E_j	X_j
シンガポール 1 2 : : n	X_{sj}	X_{ss}	F_{sj}	F_{ss}	E_s	X_s
その他世界	M_{wj}	M_{ws}	FM_{wj}	FM_{ws}		
	V_j	V_s				
	X_j	X_s				

（出所）　筆者作成。

（記号の説明）

　　　　　日本

s：　　シンガポール
w：　　その他世界
X_{jj}：　日本産業間の中間投入　産業部門数 m
X_{ss}：　シンガポール産業間の中間投入　産業部門数 n
X_{sj}：　日本産業のシンガポール産業からの中間投入
X_{js}：　シンガポール産業の日本産業からの中間投入
F_{jj}：　日本の最終需要（日本産業からの産出）
F_{ss}：　シンガポールの最終需要（シンガポール産業からの産出）
F_{sj}：　日本の最終需要（シンガポール産業からの産出）
F_{js}：　シンガポールの最終需要（日本産業からの産出）
E_j：　日本産業のシンガポール以外への輸出
E_s：　シンガポール産業の日本以外への輸出
M_{wj}：　日本産業のシンガポール以外からの輸入投入
M_{ws}：　シンガポール産業の日本以外からの輸入投入
FM_{wj}：　日本の最終需要（シンガポール以外からの輸入）
FM_{ws}：　シンガポールの最終需要（日本以外からの輸入）
V_j：　日本産業の付加価値
V_s：　シンガポール産業の付加価値
X_j：　日本産業の国内生産額
X_s：　シンガポール産業の国内生産額

40

具体的にするために日本－シンガポール二国間表）を想定し（図 2-1），その作成において次の準備ができていると仮定する。

(1) 各国表は非競争輸入型表となっている。したがって，輸入部分は内生部門と同数の部門分類からなる（図 2-2）。

(2) 各国の I/O 部門分類と貿易統計商品分類（HS 分類[1]）は 1 対多の対応表になっている。すなわち，複数の I/O 部門にひとつの HS 分類がまたがることはない（HS の最詳細分類を用いれば，必ずひとつの I/O 分類に属する。）

このふたつの仮定は何かを制限する条項ではない。国際産業連関表の作成では各国表を(1)の形に加工する必要があり，また各国表は必ず(2)の条件を満

図 2-2　非競争輸入型産業連関表のひな形

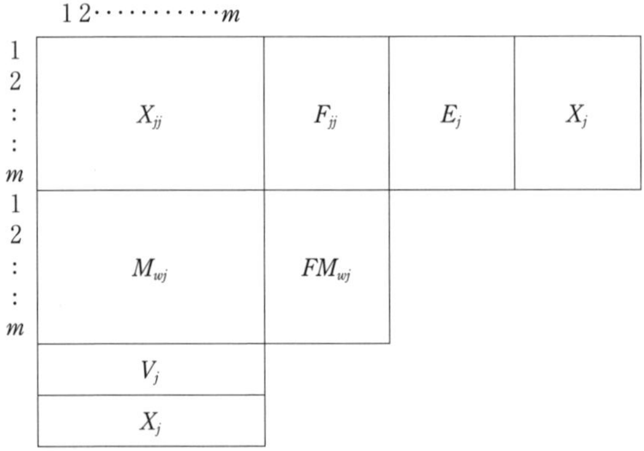

（出所）　筆者作成。
（記号の説明）

j：　　　自国（例：日本）
w：　　　他国（その他世界）
X_{jj}：　　日本産業間の中間投入　産業部門数 m
F_{jj}：　　日本の最終需要（日本産業からの産出）
E_j：　　　日本産業の輸出
M_{wj}：　　日本産業の輸入投入
FM_{wj}：　日本の最終需要向け輸入
V_j：　　　日本産業の付加価値
X_j：　　　日本産業の国内生産額

たしているからである。

1. 共通部門分類の設定方法

共通部門分類設定の最も容易な方法は，複数の類似部門をその内容が一致する範囲まで束ねて統合しひとつの共通部門とする方法である。たとえば，二国間表の作成において，A国のふたつの部門 α_1 と α_2 の内容（商品と考えてよい）が，それぞれ (a, b, c, d, e) および (f, g) であり，それと類似するB国の部門が β_1 でその内容が (a, b, c, d, e, f, g) であった場合，基本的な方法をとると，A国の α_1 と α_2 を統合すればB国の β_1 と一致するので，共通部門 γ_1 (a, b, c, d, e, f, g) を設定すればよい。

しかしこの方法では，部門 α_2 がA国にとって重要な産業である場合，共通部門 γ_1 に部門 α_2 の情報が埋もれてしまい産業連関表の分析機能を著しく損なってしまう[2]。そこで，B国の部門 β_1 から商品 f, g を分離し新しく β_2 (f, g) 部門をつくる必要が出てくる。これを産業連関表の部門分割[3]というが，B国の産業連関表で部門 β_1 に対応する数値を分割することになるので， f および g に関する生産額等の統計データの利用可能性が問題になる。一般に詳細部門分類より細かいレベル[4]ではそれが難しく，どうしても部門分割が必要な場合は何らかの仮定をおいて処理せざるを得ない。つまり，類似部門を統合によらずに部門分割によって共通部門を立てようとすると，それを可能とする統計データが必要となり，かつ表作りにおける作業時間も増大してしまう。したがって，現実的には，部門分割はその部門の重要度と資料の利用可能性を勘案して行われることになる。

共通部門分類の設定方法の基本は以上で述べたとおりであるが，二国間表と多国間表（対象国が3カ国以上）ではアプローチの仕方に若干のちがいがある。二国間表では，二国の部門分類の概念・定義の相違に基づき共通部門の大枠が設定可能であるが，多国間表の場合は各国の類似部門間の内容のちがいが二国間表より大きくなり共通部門を決めにくい。また類似部門の統合

のみに頼れば部門数が著しく減少する可能性がある。そこで，最も部門数の多い国の部門分類（以下に述べるアジア表の場合は，日本の基本部門分類）を基軸部門分類として，対象地域の重要産業や貿易の特徴を勘案し，各国の部門分類の概念・定義を参考にしながら基軸部門を統合することにより共通部門分類をあらかじめ設定し（机上での設定），この共通部門に各国の部門分類を合わせていく方法をとるのが作業上速やかな方法であると考えられる。

たとえば，A国の部門分類体系が11部門 $\{a, b, c, d, e, f, g, h, i, j, k\}$ からなる詳細部門分類体系をもっているのに対し，B国が4部門 $\{B_1(a, b, c)$, $B_2(d, e, f)$, $B_3(g, h)$, $B_4(i, j, k)\}$，C国も4部門 $\{C_1(a, b, c)$, $C_2(d, e, f)$, $C_3(g, h, i)$, $C_4(j, k)\}$ という粗い体系しかもっていない場合を考える。この場合，A国の分類が基軸分類となり，これを利用してあらかじめ共通部門分類を構築してしまう。つまり，対象3カ国の重要産業等を勘案して，たとえば $\{(a)$, (b, c), (d, e, f), (g, h), $(i, j, k)\}$ という5部門体系を共通部門分類として設定し，B国およびC国の部門分類をこれに合わせるべく調整をはかるという方法である。

この方法のもとでは，当然B国あるいはC国の部門に分割の必要が出てくる。まず，B，C国の部門 B_1 と C_1 に着目すると，これらは同じ定義の部門であって2国間では統合も分割も必要ない。しかし，共通部門として (a) が単独で掲げられているので，両国において (a) に関する部門分割が生じる。(a) が単独で共通部門のひとつとされたのは，この部門がA国の重要産業であるなどの理由である。このようなケースでは，B国あるいはC国に部門分割の詳細統計資料がない場合でも，(a) と (b, c) の生産額が輸出額に比例するなど何らかの仮定をおいて部門分割を行うことになる。これは共通部門を (a, b, c) と統合するより分析的に意義があるという判断である。また，部門 (i) についてはその性質が (g, h) よりも (j, k) に近いという判断で，共通部門が (g, h) (i, j, k) に設定されたわけである。この場合も (a) と同様に利用可能な統計資料がない場合は，何らかの仮定をおいて分割処理することになる。

第2章　アジア国際産業連関表の共通部門分類の設定　43

このような方法をとれば，共通部門分類の各部門の定義も（A国の部門に
よって規定されるので）明確になり，かつB，C国の部門分類を共通部門分類
に合わせる作業も方針が比較的立てやすくなるので国際産業連関表作成の時
間の効率化につながると考えられる。

共通部門分類の設定で重要なことは，先にも触れたが，対象各国の産業の
特徴および対象国間の貿易の特徴を示す共通部門を可能なかぎり多く設ける
ことである。二国間表の例でいえば，A国のある部門ωがA国にとって重
要な産業であるがB国ではこの部門での生産がない場合でも，B国はA国
の部門ωの生産物を輸入するなど貿易を通じた経済の連関が存在すること
が多い。このような場合，A国の部門ωを独立した共通部門として設定す
る場合がある。たとえば，インドネシアは原油・天然ガスを生産しており，
これらは同国経済の重要な産業であるが，シンガポールでは原油・天然ガス
の生産はない。しかし，シンガポールはインドネシアはじめ他国から原油・
天然ガスを輸入しており，それを精製・加工する産業はシンガポール経済の
重要な位置を占めている。このような場合，「原油・天然ガス」はひとつの
共通部門として設定すべきであり，実際，アジア表では独立した共通部門と
して設定されている[5]。シンガポールについては同様に扱われる部門がほか
に共通部門分類で「米」「その他の穀物」「食用作物」「林業」「鉄鉱石」「そ
の他の金属鉱物」が挙げられる[6]。

以上は結論的に次のようにまとめられよう。

● 国際産業連関表の作成における共通部門分類は，各国の部門分類の類
似性が高いほど設定しやすく，また共通部門分類をいかに詳細に設定
できるかは，対象各国の産業連関表の部門分類の細かさと部門分割用
の詳細な統計資料の利用可能性に依存する。現実には，各国の部門分
類の分割より部門統合によらざるを得ず，対象国の数が増大するほど
その部門数も少なくならざるを得ない。

● とくに，多数国を包含する国際産業連関表の作成では，基軸部門分類
を用いて対象国の重要産業等を勘案しながらあらかじめ共通部門分類

を設定し，その後に各国部門分類をこれに統一させる方が，共通部門分類の各部門の定義も明確になり，何らかの仮定をおいて部門分割する場合も重要部門に限られるので，各国の部門分類を共通部門分類にあわせる作業方針も立てやすくなり国際産業連関表作成の時間の効率化につながるうえに，その利用価値を高めることにつながる。

　これまで，共通部門分類をどう設定するかを議論してきたが，あえて共通部門分類を設定しない方法があるとすればどのようになるかを次項で議論する。

2．共通部門分類設定をしない場合の考察
——各国 I/O 分類をすべて包含した分類を設定——

　前項でみたように，共通部門分類を設定する場合は部門数が大幅に減少するため，各国表のもつ情報量が大幅に減少することは避けられない。そこで，国際産業連関表の部門設定として各国 I/O 分類をすべて包含する部門体系を考えてみる。図 2-1をもとに考えれば，日本の全部門数 m 個とシンガポールの全部門数 n 個をすべて別々の部門と考えて，合計 $(m+n)$ 個の部門を国際表の部門とすることである。たとえば，2005年のシンガポール表で「037 Pharmaceutical Products（医薬品）」と同年の日本表の「206101 医薬品」はまったく別の生産物を産出する部門（異なる投入構造をもつ部門）となる。このようにすると，2005年アジア国際産業連関表（2005年アジア表）の場合，もとになる各国表（基本表）の部門数が表 2-1に示すとおりであるので全部門数が2094部門にものぼる膨大な表（すなわち中間取引部分が2094×2094の大きさ）となる（実際の2005年アジア表の部門分類は，76部門からなる共通部門分類を設定したため，中間取引部分の表の大きさは760×760である）。

　仮にこの膨大な表が作成可能とした場合，形式的な分析手法は構築することができる。部門数が2094ある一国表と考えれば，一国表に適用できる分析

表 2-1　2005年アジア国際産業連関表のもとになる各国表の部門数

国名	中　　国	台　　湾	韓　　国	インドネシア	マレーシア
対象年	2002	2004	2005	2005	2005
部門数	122	161	404	175	120

国名	フィリピン	シンガポール	タ　　イ	米　　国	日　　本
対象年	2000	2000	2005	2002	2005
部門数	240	152	180	133	407

（出所）　桑森・玉村（2014, 237）表 A.2に基づき，筆者作成。
（注）　日本は列部門の数。行部門は列部門が細分化されて520存在する。

手法がすべて応用できるからである。実際一国表を部門数 m と n に分割して の分析方法は，定式化された形で Miller and Blair（2009）などに詳述されている。

　しかし，一国表と異なり国際産業連関表では表作成に大きな支障がある。図 2-1の二国間表において，X_{sj} および X_{js} はシンガポール部門の産出が日本のどの部門に中間投入されるか（日本のシンガポールからの輸入），あるいはその逆を示す部分である。この部分は自国の輸入表（図 2-2に示す M_{wj}）から相手国の分を分離することによって得られるが，たとえば X_{sj} の場合，日本の輸入表をシンガポールの部門分類に組み直す必要が出てくる。逆も同様である。I/O 部門分類と貿易分類の対応が両国で異なっているからである。この組み換えの問題と同時に，相手国の財が自国のどの部門に投入されるかという輸入財投入調査の実施にあたっては，部門数が多いほど現実には極めて困難となる。

　さらに，図 2-1に示す「その他世界」においては行部門数が（$m+n$）となるべきであるが，先に挙げた例「医薬品」をどのように 2 種類に分けて貿易統計を集計するかなどという解決不可能な問題に直面し，結局，われわれが想定する図 2-1のタイプの国際産業連関表については，各国 I/O 分類をすべて包含した分類を設定する方法では作成できないという帰結になる。

　このように内生国間の I/O 部門分類が異なることが作表の障害となるこ

とは明らかである。したがって，国際産業連関表の作成にあたっては共通部門分類の設定は不可欠である。ただ，その部門数は分析の観点からは多い方が好ましいが，一方で内生国間相互取引の部分（図 2-1のX_{sj}, F_{sj} および X_{js}, F_{js}）の精度を高めるための輸入財投入調査は部門数が多いほど実際面での実行可能性の問題が生じることも考慮しなければならない。

3．アジア国際産業連関表の部門分類

⑴ 「アセアン諸国国際産業連関表，1975年」

通称「アセアン表」と呼ばれるアジ研が作成した日本で初めての多国間表で，1975年を基準年に日本，米国，韓国，インドネシア，タイ，マレーシア（半島部），フィリピンおよびシンガポールの8カ国を包含したものである。

1975年を対象年とするアセアン表作成のためには，同年対象のシンガポール表，マレーシア表およびフィリピン表の作成の必要があった。また，同時期にすでに作成済みであった1975年のインドネシア，タイおよび韓国表については日本との二国間表を作成する計画段階にあった。そのため，これら3つの一国表の部門分類と3つの二国間表の共通部門分類の設定も考慮に入れて，あらかじめ177部門からなるアセアン表の暫定共通部門分類を設定した。この暫定共通部門分類は，シンガポール，マレーシアおよびフィリピンの1975年以前の表の部門分類と1975年のインドネシア，タイ，韓国および日本の部門分類[7]を総合的に比較検討[8]して設定された。机上での設定である。この際にとくに注意が払われたのは，

① アセアンの国際貿易の特徴を維持する。つまり，アセアンの主製品はできるかぎり単独の部門とする。

② 各国のオリジナル分類の範疇を可能なかぎり維持する。つまり，部門分割・統合を極力避ける。

ということであった。

この177部門をベースに，シンガポール表，マレーシア表およびフィリピ

ン表が作成され，各国の統計資料の事情に応じて最終的にそれぞれ155部門，105部門，および121部門の表となった。同時に，日・インドネシア，日・タイおよび日韓の二国間表も作成され，それぞれの共通部門分類は146部門，166部門および172部門であった。

　こうして揃った各国表および二国間表の部門分類を改めて暫定共通部門分類の177部門と比較したところ，農業部門の多いアセアン諸国と工業製品の多い韓国や日本とでは上述した①および②を十分保つことは難しく，結局部門統合に頼ることによって共通部門分類は著しく減少し，最終的に56部門に落ち着いた[9]。

　この56部門は，その設定の仕方が示すように特定の国の部門分類を用いて内容の定義づけをしたわけではないので，各部門の詳細は共通部門分類と対象国すべての部門分類との対応表によって知ることができる。したがって，各共通部門名は各国の対応する部門すべての総称ということになる。

　たとえば，共通部門分類「045 Industrial machinery and equipment」に対応する各国の部門[10]をみると，

（日本―インドネシア二国間表部門分類から）
- ・Non-electrical machinery and repair
- ・Industrial electrical machinery and apparatus, and repair

（日本―タイ二国間表部門分類から）
- ・Engines and turbines
- ・Agricultural machinery and equipment
- ・Metal and wood-working machinery
- ・Other industrial machinery
- ・Other machinery excl. electrical
- ・Electrical industrial machinery and apparatus

（日本—韓国二国間表部門分類，および米国表部門分類から）

- Engines and turbines
- Agricultural machinery and equipment
- Metal and wood-working machinery
- Mining and construction machinery
- Other industrial machinery
- Office machinery
- Other machinery excl. electrical
- Electrical industrial machinery and apparatus

（シンガポール表部門分類から）

- Industrial machinery
- Office machinery
- Electrical industrial machinery and other machinery

（フィリピン表部門分類から）

- Engines and turbines
- Agricultural machinery
- Special industrial machinery
- Mining and construction machinery
- General industrial machinery
- Office machinery
- Other machinery

（マレーシア表部門分類から）

- Agricultural machinery and equipment

となっており，共通部門分類「045 Industrial machinery and equipment」を

指す範囲（定義）が不明瞭になってしまう結果となっている。

(2)　「1985年アジア国際産業連関表」およびそれ以降

　1985年アジア表では，1975年アセアン表の56部門分類をベースにいくつか
の部門を細分化し，78部門を設定した（1985年表は24部門で公表されている）。
そして共通部門の定義を明確化するために，1985年の日本I/O分類で内容
を規定した。1985年表に包含される各国表のなかでは日本表と韓国表の部門
数が圧倒的に多かったが，日本表の部門分類を基軸部門分類としたわけであ
る。この際，1975年の共通部門分類との整合性には十分配慮した。これ以降，
5年ごとに2005年までアジア表が作成されたが，部門分類はこの共通部門分
類を引き継いでおり，各部門の内容は対象年次の日本のI/O部門分類で規
定されている。当然，日本の分類の変遷に応じての規定になっており，部門
分類の継続性は保たれているので，時系列的なI/O分析を容易にしている。

　本章末に2005年の共通部門分類と日本部門分類およびシンガポール部門分
類の対応関係を掲げてあるが（付表），これは共通部門分類と各国表の部門
分類の対応表の例示であり，実際の対応表は非常に大きい[11]ものなので限定
しての表示である。日本部門分類が共通部門分類の定義となっている。

　4．その他の国際産業連関表の部門分類

(1)　「1970年日本・韓国二国間国際産業連関表」

　アジ研が作成し，公表された我が国最初の国際産業連関表（二国間表）で
ある。

　韓国表（340×340）と日本表（551×415）の部門分類を比較することにより，
共通部門分類数267が設定された。共通部門分類の設定にあたっては，とく
に以下を熟慮する点として挙げている。

(a)　投入係数および貿易係数の安定性

(b)　国際比較の可能性の維持

(c) 既存の統計データの利用可能性

(d) 経済分析および表利用の利便性

　しかしながら，部門の統合が伴う共通部門分類では，(a) については現実には理念にとどまると思われる。

(2) 「1985年日英国際産業連関表」および「1985年日仏国際産業連関表」

　これらの二国間表[12]は日本とイギリス，日本とフランスをそれぞれの1985年産業連関表を用いて通商産業省[13]通商大臣官房調査統計部が編纂したもので，次のような考え方で共通部門分類の設定を行っている（以下は日英表についての記述であるが，日仏表についても考え方は同じである）。

(a) 日英共通部門分類の作成作業は，日英の各I/O表について，最も詳細な分類（日本408部門，英国102部門）ごとに，各部門の概念・定義および各部門に含まれる商品の範囲等を比較・検討することによって行われたが，整合性のある日英共通部門分類を作成するためには，まず両国表を事前に加工して概念・定義のちがいを調整する必要[14]があった。

(b) 日英間の貿易額が大きい重要な商品について両国の分類が異なっている（たとえば，複写機は日本の分類では「事務用機械」であるが，英国の分類では「精密機械」である）ものがあるため，日本のI/O表の最も詳細な分類をさらに分割して英国のI/O表と対応させる必要があった。

(c) しかし，それでも完全な日英共通部門分類を作成することは極めて困難であり，「ほぼ整合的である」ものについてのみできるだけ詳細な部門を設定した。その結果，共通部門の数は93となった（仏国表の部門が98からなり，日仏表の共通部門分類数は86となった）。

(3) 「1985年日米国際産業連関表」

通商産業大臣官房調査統計部が編纂した二国間表である。

この二国間表の共通部門分類は，次のような作業を経て設定された[15]。

(a) 1985年日米共通部門分類は，1985年米国表の部門分類が1977年米国表と同一であるため，すでに作成されている1977年日米共通部門分類（190部門）をベースとした。

(b) 1985年日本表の分類の1980年分類からの大幅変更点に留意した。

(c) 以上により共通部門分類第1次案183部門を設定した。

(d) 第1次案に基づいて日米両国間の貿易不突合をチェックした。すなわち日本の対米輸出と米国の対日輸入の差分，および日本の対米輸入と米国の対日輸出の差分をチェックし，部門に含まれる品目の確認を行った。

(e) その結果，分割不可能な部門の統合などを経て，163部門からなる共通部門分類を確定した。

「1990年日米国際産業連関表」も同じ編纂機関で作成され，同様の方法で進められた（164部門からなる共通部門分類が設定されている）。

(4) OECD の国際産業連関表（Inter-Country Input-Output Tables（ICIO））

OECD は加盟国のみならず非加盟国からも産業連関表を収集し[16]，それらを取り込んで多国間表を作成している。この国際産業連関表の共通部門分類は，各国統計機関（統計局）へ ISIC に基づく OECD 分類（harmonized[17] industry structure とよばれる分類）に合致する産業連関表データを依頼し，おおむねの統一を図っている。

たとえば，2006年版は ISIC Rev. 3への準拠を要請しているが，それは次のようなデータベース（DB）との互換性をはかるためである。

● OECD の構造解析産業 DB（STAN）との互換性

● Bilateral Trade Database（BTD）との互換性

● IEA のエネルギー消費データ

● その他の OECD 産業レベルの DB

また，各国に要請した2006年版の産業数（共通部門分類の数）は48産業で

あるが，すべての国から，48産業すべての情報を得るのは難しく，その理由として，国によって「公開の制限」「利用可能な統計の制約」などの要因があげられるが，おもな原因は，国内分類体系からISIC Rev. 3への移行の際に詳細な産業の情報が損失するからである。すなわち，各国分類とISICの対応関係が単純でないということである

　そこで次節では，日本表のI/O部門分類を例に，各部門と対応する統計資料をISICとの関連で吟味する。

第2節　一国産業連関表の部門分類と産業分類等との関係
──日本表の部門分類を例に──

　国際産業連関表は複数の国の産業連関表を交易関係で連結して作成される。そのためには，対象各国の部門分類を統一する必要がある。この統一された部門分類が共通部門分類である。各国の部門分類が同じ内容で定義されていれば共通部門分類は各国の部門分類と同一になるが，それは非現実的であり，一般にはいずれかの国の部門分類を分割・統合する必要がある。しかしながら，とくに部門分割はより詳細な統計資料の利用可能性に依存するため，多くの場合，共通部門分類で設定される部門数は各国部門分類の数の最大公約数的なものになっている。

　国連では，各国表のI/O部門分類が国際標準産業分類（ISIC）に準拠するよう勧告しているが，各国経済の発展段階や産業構造のちがい，あるいは統計資料の整備状況の精粗などによって必ずしもISICに準拠することは容易ではない。このことが国際産業連関表の共通部門分類設定を難しくする要因のひとつになっている。

　本節では，日本表の部門分類，とくに基本部門分類の概要を日本標準産業分類（JSIC）および工業センサスなどとの関連でとらえ，日本のI/O部門分類が国際標準産業分類（ISIC）とは関連性はあるものの，必ずしも単純な組

第2章　アジア国際産業連関表の共通部門分類の設定　53

み換えで JSIC と ISIC の対応，すなわち日本 I/O 部門と ISIC の対応をとることができないことを確認する。その一方で，I/O 部門と貿易統計コードとの対応関係は完備されていることが示され，部門分割に際して一定の仮定のもとに貿易統計データの比率などが利用可能であることもみておく。

　なお，以下の考察は，平成17年日本表に関する総合解説編（総務省 2009）に依拠している[18]。

1．日本産業連関表のフレームワークと部門分類

　日本表は，昭和35年（1960年）表作成において，国民所得統計との整合性を考慮し，かつ JSIC および ISIC に原則として準拠した部門分類を採用するなどしてフレームワークが形成されてきた。その後は，国連の新 SNA への対応など逐次改善が進められてきているが，基本的なフレームワークに変更はない。これをふまえて，まず，日本表の部門分類の形式的な構成（コーディング・システム）を俯瞰する。本来，部門分類の考え方や定義等を先にみるべきであるが，これらが若干抽象的であるため，理解をしやすくするために日本表の部門分類の形式的な構成を優先し，考え方や定義等を次の項で示すことにした。

2．部門分類の形式的な構成（コーディング・システム）

　日本表の部門分類は，公表用の最も詳細な分類を「基本分類[19]」とし，これを統合した「統合小分類」「統合中分類」および「統合大分類」から構成される。

　各生産活動主体およびそこから供給される財貨・サービスの種類，用途，生産技術等に即して，最も詳細に分類された公表用の部門分類が「基本分類」であり，列部門を6桁，行部門を7桁のコード番号で示す。基本分類のさらに詳細な分類として，細品目（10桁品目）があり，部門別国内生産額の

54

表 2-2　列および行コードの前4桁が3331である基本部門

基本部門 （名称）	パーソナル コンピュータ	電子計算機本体 （除パソコン）	電子計算機付属装置
列コード	3331-01	3331-02	3331-03
行コード	3331-011	3331-021	3331-031
定義・範囲 （JSIC に対応）	JSIC の細分類2822「パーソナルコンピュータ製造業」の生産活動を範囲とする。	JSIC の細分類2821「電子計算機製造業（パーソナルコンピュータ製造業を除く）」, 2824「印刷装置製造業」, 2829「その他の附属装置製造業」の生産活動を範囲とする。	JSIC の細分類2823「記憶装置製造業」の生産活動を範囲とする。
品目例示	デスクトップ型パーソナルコンピュータ, ノートブック型パーソナルコンピュータ, サーバ用パーソナルコンピュータ	汎用コンピュータ, ミッドレンジコンピュータ（ミニコンピュータ, オフィスコンピュータ, ワークステーション, サーバ（サーバ用パーソナルコンピュータを除く）), 電子計算機本体の部品・取付具・付属品。	記憶装置（磁気ディスク装置, 光ディスク装置, フレキシブルディスク装置）印刷装置（シリアルプリンタ, ラインプリンタ, ページプロッタ, プロッタ）その他の附属装置（表示装置, イメージスキャナー, 端末装置）電子計算機付属装置の部分品・取付具・付属品
対応する ISIC	3000　事務用, 会計及び計算機械製造業	3000　事務用, 会計及び計算機械製造業	3000　事務用, 会計及び計算機械製造業

（出所）　総務省（2009, 214）から抜粋して筆者作成。

推計の基礎となっている。

　また, 統合小分類（4桁分類）は基本分類に付されたコードの前4桁部分で統合された分類であり, 投入係数, 逆行列係数等を提供する最も詳細な分類であり, JSIC および ISIC の4桁分類に対応できるように設定されている。しかし, 後でみるように JSIC と ISIC は複合的な対応関係にあり, JSIC ベー

スの産業連関表を ISIC ベースの産業連関表に 1 対 1 で変換（推計）するのは容易ではない。

では，製造業の例として基本部門分類ベースの「パーソナルコンピュータ」「電子計算機本体（除パソコン）」および「電子計算機付属装置」で以上の関係をみてみよう（表 2-2）。これらは，部門分類コードの先頭の 4 桁が3331となるすべての基本部門[20]である。

また，JSIC の中分類28「情報通信機械器具製造業」は表 2-3 のようになっている。

したがって，先頭の 4 桁コードが3331である 3 つの基本部門全体は産業分類の小分類282全体と対応すること，また小分類282の 5 つの細分類（4 桁）が必ず 3 つの基本部門にまたがることなく唯一の基本部門に含まれることがわかる。その意味で，産業連関表の統合小分類「3331」が JSIC の 4 桁に対応しているということができる。

一方，ISIC との対応関係では，3 つの基本部門はすべて ISIC「3000」（事務用，会計および計算機械製造業）に対応してしまうため，ISIC への統合は可能であるが逆は困難である。この例では JSIC ⇒ ISIC への統合が可能となったが，下の表 2-4 に示す例のとおり，双方向とも単純な対応関係ができない

表 2-3　日本標準産業分類の中分類28「情報通信機械器具製造業」

大分類 F　製造業	
中分類28　情報通信機械器具製造業	
小分類282　電子計算機・同附属装置製造業	
細分類	項目
2821	電子計算機製造業（パーソナルコンピュータ製造業を除く）
2822	パーソナルコンピュータ製造業
2823	記憶装置製造業
2824	印刷装置製造業
2829	その他の附属装置製造業

（出所）　総務省ホームページ「日本標準産業分類（平成19年11月改定）」から抜粋して筆者作成。http://www.soumu.go.jp/toukei_toukatsu/index/seido/sangyo/3.htm（2016年 1 月18日検索）

場合もある。

表 2-4　JSIC と ISIC が単純な対応関係になっていない例

日本標準産業分類（JSIC）	国際標準産業分類（ISIC）
2741　X 線装置製造業	3311　内科用・外科用機器及び整形外科用器具製造業
2743　医療用電子応用装置製造業	3312　測定，検査，試験，航法及びその他の機器製造（生産工程制御装置を除く）
2749　その他の電子応用装置製造業	3313　生産工程制御装置製造業
2751　電気計測器製造業（別掲を除く）	
2752　工業計器製造業	
2753　医療用計測器製造業	

（出所）　経済産業研究所 JIP データベース2006。
　　「産業連関表基本分類（1995年），JIP 分類，日本標準産業分類細分類（第11回改訂），国際標準産業分類（Rev. 3），EU KLEMS 分類との対応表」より抜粋して筆者作成。http://www.rieti.go.jp/jp/database/d05_data/03-6.pdf（2016年 1 月25日検索）。

3．基本部門分類の考え方

　総務省（2009）によれば，産業連関表の「中間需要」および「中間投入」を構成する内生部門の分類を「部門分類」といい，また，「最終需要部門」および「粗付加価値部門」を構成する「項目」を含めて「部門」と呼ぶこともあると定義される。また，その部門分類の原則については次のふたつの分類方法によるとされる。

(1)　「生産活動単位」に基づく分類
　産業連関表の内生部門の最も詳細な分類を基本分類と呼び，「生産活動単位」に基づく分類を原則とする。つまり，同一事業所内でふたつ以上の活動が行われている場合には，原則として，それぞれの生産活動ごと（生産活動単位：アクティビティ）に分類する。これは商品分類に近い概念である。

第2章　アジア国際産業連関表の共通部門分類の設定　57

⑵　「生産活動主体」に基づく分類

　生産活動主体分類は，財貨・サービスの生産・供給主体に着目し，基本部門分類を産業，対家計民間非営利サービス生産者，政府サービス生産者からなる活動主体別に再分類したものである。

　この意味で，基本部門分類は，アクティビティベースの「生産活動単位」に基づく分類と，「生産活動主体」による分類の二重の機能を有している。

　このふたつの分類方法を大まかに表現すれば，「生産活動単位」（アクティビティ）は商品，「生産活動主体」は産業にあたるといえる（ただし，後者については産業のみならずより配慮すべき部門も含まれるがここでは割愛する[21]）。したがって，基本分類の考え方には産業分類が大きく関係していることが窺えよう。そこで，このふたつの分類のイメージを，実際に推計資料となる工業センサスの工業統計調査票に基づき製造業の例でみてみよう。

　工業センサスは，JSIC に掲げる産業に属する事業所（国および地方公共団体の事業所以外の事業所で調査困難地域内にあるもの並びに国および地方公共団体の事業所を除く。）のうち，農業，林業，漁業に属する事業所で個人の経営に係るもの等を除く事業所について行われる。その調査票で生産額等の推計に関する部分は，おおむね以下のようになっている。

　ここで，各事業所は自事業所の製造品を次の工業商品分類番号に対応させて各事項を記入する（表 2-6）。

表 2-5　工業センサスの工業統計調査票のイメージ

品目別製造品出荷額				
工業商品分類番号	製品名	数量単位	数量	金額（万円）
合　　計				

（出所）　筆者作成。

58

表 2-6　表 2-2の基本部門 3 部門に対応する工業商品分類番号

2821		電子計算機（パーソナルコンピュータを除く）
	2821 11	はん用コンピュータ
	2821 12	オフィスコンピュータ
	2821 13	ワークステーション
	2821 14	電子計算機の部分品・取付具・附属品
	2821 91	電子計算機・同部分品・取付具・附属品（賃加工）
2822		パーソナルコンピュータ　注：電子部品は291の各々に分類される。
	2822 11	パーソナルコンピュータ
	2822 12	パーソナルコンピュータの部分品・取付具・附属品
	2822 91	パーソナルコンピュータ・同部分品・取付具・附属品（賃加工）
2823		記憶装置　注：電子部品は291の各々に分類される。
	2823 11	磁気ディスク装置
	2823 12	光ディスク装置
	2823 13	フレキシブルディスク装置
	2823 19	その他の外部記憶装置：磁気テープ装置，磁気ドラム装置等
	2823 21	記憶装置の部分品・取付具・附属品
	2823 91	記憶装置・同部分品・取付具・附属品（賃加工）
2824		印刷装置注：電子部品は291の各々に分類される。
	2824 11	印刷装置：シリアルプリンタ，ラインプリンタ，作図装置（プロッター）等
	2824 12	印刷装置の部分品・取付具・附属品
	2824 91	印刷装置・同部分品・取付具・附属品（賃加工）
2829		その他の附属装置注：電子部品は291の各々に分類される。
	2829 11	表示装置
	2829 19	その他の入出力装置
	2829 21	金融用端末装置
	2829 29	その他の端末装置
	2829 39	その他の附属装置
	2829 41	その他の附属装置の部分品・取付具・附属品
	2829 91	その他の附属装置・同部分品・取付具・附属品（賃加工）

（出所）　経済産業省『平成19年工業統計調査　商品分類表』から抜粋して筆者作成。
　　　URL: http://www.meti.go.jp/statistics/tyo/kougyo/gaiyo/sonota/bunrui/pdf/h19-reiji.pdf
　　　（2016年 1 月25日検索）

工業商品分類番号に対応する商品がアクティビティととらえられるレベル
のものである。この商品分類は JSIC の細分類（4桁）に2桁分を加えた6
桁で構成されていて，JSIC に分類される産業が生産・供給する商品を示し
ている[22]。したがって，すべての調査票を6桁レベルの商品分類ごとに集計
すれば生産活動単位（アクティビティ）ベースの生産額等の推計値が得られ
ることになり，また，4桁レベルで集計すれば生産活動主体ごとの推計値が
得られる。

本項では，JSIC から I/O 部門への積み上げ構造を確認した。

4．基本部門分類と貿易統計商品分類

基本部門分類とその内容，つまり工業統計等との対応は国内産業について
はおおむね以上で示したとおりであるが，産業連関表では貿易品目との対応
関係も必要である。しかしながら，工業統計調査の商品分類番号は貿易統計
の輸出入コードとは一致しないため，基本部門分類と輸出入コードの対応関
係も定められている。貿易統計の商品分類は現在多くの国で HS コードが採
用されており，この分類が各国の産業連関表の部門分類間との対応付けに大
きく役立つ。

表 2-7 は先に挙げた基本部門「3331-011 パーソナルコンピュータ」と貿
易品コード（輸出）の対応関係を示したものである。

このように，各 I/O 部門に対し貿易統計の商品分類コードが I/O 部門を
跨ることなく対応しているため，部門分割の際には有用である。たとえば，
ある部門を分割して部門A，Bへの2分割が必要になった場合，このふたつ
の部門が経験的な理由から国内生産額と輸出額が比例的であるという仮定が
成り立つと判断できれば，A，Bそれぞれに対応する貿易コードで示される
データ（金額）の比で，国内生産額をはじめ各取引額を案分することで，分
割可能となるからである。

60

表 2-7 基本部門分類「3331-011パーソナルコンピュータ」に対応する貿易(輸出)品目

輸出品コード及び輸出品名称
8471.30-000 携帯用のディジタル式自動データ処理機械(重量が10kg以下で,少なくとも中央処理装置,キーボード及びディスプレイから成るもの)
8471.41-100 その他のディジタル式自動データ処理機械(少なくとも中央処理装置,入力装置及び出力装置を同一のハウジングに収納しているものに限るものとし,入力装置と出力装置とが一体になっているかいないかを問わない。)(中央演算処理装置のデータ処理単位が32ビット以上のもの)
8471.41-900 その他のディジタル式自動データ処理機械(少なくとも中央処理装置,入力装置及び出力装置を同一のハウジングに収納しているものに限るものとし,入力装置と出力装置とが一体になっているかいないかを問わない。)(中央演算処理装置のデータ処理単位が32ビット以上のものを除く。)
8741.49-000 その他のディジタル式自動データ処理機械(その他のもの(システムの携帯で提示するもの))

(出所) 総務省編『平成17年(2005年)産業連関表 —計数編(2)—』平成21年(2009年)3月,213ページに基づき筆者作成。

まとめ

これまでにみてきたことを,国際表,とくにアジア表など3カ国以上の多国間表の共通部門分類設定の観点から再整理すると以下のようになる。

国際産業連関表のI/O部門分類を設定する場合,内生国として包含するすべての国のI/O部門分類の「共通部門分類」を設定する方法が一般的であり,また設定された「共通部門分類」は分析利用の観点から対象各国の産業の特徴および対象国間の貿易の特徴を生かした詳細な分類体系になっていることが望ましい。

国連では,各国表のI/O部門分類が国際標準産業分類(ISIC)に準拠するよう勧告しており,もし各国のI/O部門分類がその勧告通りであれば,共通部門分類は比較的容易に設定できよう。しかしながら,日本の例で示したように,各国のI/O部門は各国経済の発展段階や産業構造のちがい,あるいは統計資料の整備状況の精粗などのために一義的には独自の産業分類に従

第2章 アジア国際産業連関表の共通部門分類の設定 61

っているため，ISICから乖離している部分が少なくない。このため各国I/O
分類間の共通性・相違性を見出すことが難しく，とくに部門分割は容易では
ないため，詳細な共通部門分類設定は一般的には難しい。

　こうした前提に立って，とくに3カ国以上の国際産業連関表の共通部門分
類を設定する最も現実的な方法と考えられるのは，詳細部門を有する国の
I/O部門分類を基軸部門分類として共通部門を定義することであり，これに
よって各共通部門の定義が明確になり各国のI/O部門の共通部門への変換
作業も方向性が明確になる。そのため部門分割も重要部門に限ることができ，
表作成の時間的節約も図ることが可能となる。

　これまで作成されてきたアジア表の共通部門分類はこうした方法で設定さ
れてきている。

〔注〕————————————

(1)　HSコード：Harmonized Commodity Description and Coding Systemの略。

(2)　この点については，産業連関分析の創始者であるレオンティエフ（Wassily
　　W. Leontief）が，Leontief（1967）で次のように述べている。「多くの場合，オ
　　リジナルの分類について正当な予備的再編集がなされれば，2つのI/O表は
　　いくつかの比較可能な部門をもつことになるが，一方でその他のいくつかの
　　部門は相手に対応する部門がないことになる。（中略）現在の統計の実際で
　　は，この困難さに対する解は，部門統合に求められている。銅とニッケルの
　　違いは「非鉄金属」として扱われることによりすぐに消え失せるし，これら
　　と鉄の相違も「非鉄」を取ることで差異が無くなってしまう。部門統合によ
　　る比較可能性は（経済）構造の内在する関係性を記述するうえで，詳細な分
　　析を犠牲にすることによって保障されるという事実は，今やいうまでもない。」

(3)　これに対し，先に述べた複数の類似部門を分類の内容が一致する範囲まで
　　束ねて統合しひとつの共通部門分類とする方法を部門統合といい，二国間表
　　作成の例では，用いられるA国産業連関表はもとの表の行部門のa_1とa_2，列
　　部門のa_1とa_2の対応する数値を足し上げて，部門の数がひとつ小さくなった
　　表となる。

(4)　Leontief（1941）は，「部門分類は理論的な理想と実際的な必要性の妥協で
　　ある一方，産業の基本的統計情報は，全体として，断片的であり不完全であ
　　るので，I/O表のセルのほとんどが，大なり小なり推計データにならざるを得
　　ない」として，（この時代の統計整備状況故でもあるが）各部門の統計データ

でさえ資料から得られるのが難しいとしている。

⑸　本章で述べられるシンガポールおよび日本の部門分類，およびアジア表の共通部門分類については付表を参照のこと。

⑹　付表でみるように，そのほかにも「織物・染色」「ニット製品」など共通部門分類に対応するシンガポール部門がない場合があるが，これは部門分割に要する資料等の情報が不足して分割できないことによる。

⑺　1975年表の存在する各国表の部門数は，日本554×407，米国496×496，韓国392×392，インドネシア179×179，タイ180×180であった。

⑻　先に作成された1970年日韓国際産業連関表の共通部門分類は部門数も多く，1975年の共通部門設定にも参考にされたことが窺える。

⑼　なお，アセアン表に取り込まれる米国表については1972年米国表（496部門）を延長推計して1975年表にする必要があったが，1972年表をあらかじめ56部門に変換して延長推計を行った。

⑽　56部門すべてについては，IDE（1982a）Appendix 2を参照のこと。

⑾　対応表全体は IDE-JETRO（2013）に掲載されている。

⑿　これらの作成作業にはアジア経済研究所の国際産業連関表担当者も参加している。

⒀　現在の経済産業省。

⒁　日本表がもつ仮設部門や「事務用品」「家計外消費支出」等の概念調整のことであるが，これらを内生部門等に分配して最終的にはこうした部門を消去する作業である。

⒂　横橋（1989）による。

⒃　このデータベースの目的やデータソース，カバレッジなどの詳細は Yamano and Ahmad（2006）および OECD website（http://www.oecd.org/sti/ind/input-output-puttablesedition2015accesstodata.htm）を参照のこと（2016年1月30日現在）。

⒄　この harmonized の意味するところは，産業×産業，同じ価額評価（basic price），OECD system で用いられている産業分類に沿うことおよびそれらの概念に沿うことであるが，応諾コストを最小限にし，協力関係（提供）を最大にするために，この形式（ISIC Rev. 3）は前提条件とせず，最も詳細で実用可能なレベルのどんなデータ（I/O 表あるいは supply-use 表）であっても歓迎であるとしている。

⒅　産業連関部局長会議（1990）も参照。左記資料の本章にかかわる記述は総務省（2009）と内容は同じである。

⒆　本章では「基本分類」を必要に応じて「基本部門分類」と表現する個所もあるが，同義である。

⒇　本章では基本分類の中の一つひとつの部門を基本部門と呼ぶ。

(21)　産業をはじめ対家計民間非営利サービス生産者，政府サービス生産者に関

する定義は，総務省（2009）を参照のこと。

⑵ ここで述べられている商品分類（工業商品分類番号）は，日本標準商品分類とは異なるものである。事業所がどの産業分類に格付けされているかということと調査票の記述内容およびアクティビティとの関係は，補論に示してある。

〔参考文献〕

＜日本語文献＞

桑森啓・玉村千治 2014.「アジア国際産業連関表の作成方法」玉村千治・桑森啓編『国際産業連関分析論―理論と応用―』（研究双書　No. 609）日本貿易振興機構アジア経済研究所，補章.

産業連関部局長会議 1992.『平成 2 年産業連関表作成基本要綱』総務庁他10省庁 .

総務省 2009.『平成21年（2005年）産業連関表　―総合解説編―』.

総務省統計局・経済産業省大臣官房調査統計グループ 2015.「事業所の売り上げ（収入）金額に関する集計　その 1　総括表」『平成24年経済センサス―活動調査報告　第 2 巻』　総務省統計局・経済産業省大臣官房調査統計グループ.

通商産業大臣官房調査統計部編 1992a.『1985年日英国際産業連関表』.

―― 1992b.『1985年日仏国際産業連関表』.

―― 1997.『1990年日米国際産業連関表（確報)』.

横橋正利 1989.「1985年日米共通部門分類（163部門）の概要」佐野敬夫・玉村千治編『国際産業連関表の作成と利用』（アジア国際産業連関シリーズ（AIOシリーズ），No. 6）アジア経済研究所，第 7 章.

＜外国語文献＞

IDE (Institute of Developing Economies) 1975. *International Input-Output Table, Japan-Korea 1970.* (Statistical Data Series, No. 18) Tokyo; Institute of Developing Economies.

―― 1982a. *International Input-Output Table for ASEAN Countries 1975.* (Statistical Data Series, No. 39) Tokyo; Institute of Developing Economies.

―― 1982b. *The Updated Input-Output Table of USA, 1975.* (Statistical Data Series, No. 40) Tokyo; Institute of Developing Economies.

―― 1992. *Asian International Input-Output Table 1985.* (Statistical Data Series, No. 65) Tokyo; Institute of Developing Economies.

———— 1998. *Asian International Input-Output Table 1990*. (Statistical Data Series, No. 81) Tokyo; Institute of Developing Economies.

IDE-JETRO (Japan External Trade Organization. Institute of Developing Economies, 2001. *Asian International Input-Output Table 1995*. (Statistical Data Series, No. 82) Chiba; IDE-JETRO.

———— 2006a. *Asian International Input-Output Table 2000 Volume 1: Explanatory Note*. (Statistical Data Series, No. 89) Chiba; IDE-JETRO.

————2006b. *Asian International Input-Output Table 2000 Volume 2: Data*. (Statistical Data Series, No. 89) Chiba; IDE-JETRO.

————2013. *Asian International Input-Output Table 2005*. (Statistical Data Series, No. 98) Chiba; IDE-JETRO.

Miller, R. E. and P. D. Blair 2009. *Input-Output Analysis: Foundations and Extensions*, Second Edition. Cambridge; Cambridge University Press.

Leontief, W. W. 1941. *The Structure of American Economy 1919-1939*. Oxford; Oxford University Press.

———— 1967. "An alternative to Aggregation in Input-Output Analysis and National Accounts," *Review of Economics and Statistics*, 49(3), August: 412-419.

Yamano, N. and N. Ahmad 2006. "The OECD INPUT-OUTPUT DATABASE: 2006 EDITION," *STI Working Paper*, 2006/8, Paris; OECD.

第2章　アジア国際産業連関表の共通部門分類の設定　65

補　論
事業所の産業分類格付けとアクティビティについて

「事業所統計」や「工業統計」等では事業所を単位として分類され，同一事業所内でふたつ以上の活動（アクティビティ）が行われている場合には，その主たる活動によって分類（産業分類）される。

工業統計調査票の品目別出荷額の例で，事業所の産業分類格付けとアクティビティ分類の関係をみると，次のようになる（表 2A 参照）。

表 2A は事業所 A の品目別出荷額を示しており，総出荷額は総額52億800万円である。この事業所は，「293113 電気冷蔵庫」が全出荷額の約61.4％を占め最大出荷額であるので，「2931 ちゅう房機器製造業」という産業分類に格付けされる。一方，ここで示される工業商品分類番号に対応する 4 つの商品がこの事業所の生産活動単位，すなわちアクティビティになる。

表 2A　工業統計調査票の品目別出荷額の仮設例（事業所 A）

品目別製造品出荷額				
工業商品分類番号	製品名	数量単位	数量	金額（万円）
293113	電気冷蔵庫	台	25,000	320,000
293213	エアコンディショナ	台	15,000	125,000
293312	電気洗濯機	台	9,500	48,000
293313	電気掃除機	台	8,900	27,800
合計				520,800

（出所）　筆者作成。

付表　2005年アジア国際産業連関表の共通部門分類と日本I/O部門および
シンガポールI/O部門の対応関係

共通部門分類		日本I/O部門（6桁）		シンガポールI/O部門	
コード	部　門　名	コード	部　門　名	コード	部門名
001	米	0111 -01	米		
002	その他の穀物	0111 -02	麦類		
002		0115 -09	その他の食用耕種作物		
003	食用作物	0112 -01	いも類		
003		0112 -02	豆類		
003		0113 -01	野菜（露地）		
003		0113 -02	野菜（施設）		
003		0114 -01	果実		
003		0115 -01	砂糖原料作物		
003		0115 -02	飲料用作物		
004	非食用作物	0116 -01	飼料作物	002	Nursery products
004		0116 -02	種苗	003	Other agriculture
004		0116 -03	花き・花木類		
004		0116 -09	その他の非食用耕種作物		
005	畜産	0121 -01	酪農	001	Livestock
005		0121 -02	鶏卵		
005		0121 -03	肉鶏		
005		0121 -04	豚		
005		0121 -05	肉用牛		
005		0121 -09	その他の畜産		
006	林業	0211 -01	育林		
006		0212 -01	素材		
006		0213 -01	特用林産物（含狩猟業）		
007	漁業	0311 -01	沿岸漁業	004	Aquarium fish
007		0311 -02	沖合漁業	005	Other fisheries
007		0311 -03	遠洋漁業		
007		0311 -04	海面養殖業		
007		0312 -01	内水面漁業		
007		0312 -02	内水面養殖業		
008	原油・天然ガス	0711 -01	石炭・原油・天然ガス　　（注）		
009	鉄鉱石	0611 -01	金属鉱物　　（注）		
010	その他の金属鉱物	0611 -01	金属鉱物　　（注）		
011	非金属鉱物	0621 -01	窯業原料鉱物	050	Concrete pdts

第2章　アジア国際産業連関表の共通部門分類の設定　67

付表　つづき

共通部門分類		日本I/O部門（6桁）		シンガポールI/O部門	
コード	部門名	コード	部門名	コード	部門名
011		0622-01	砂利・採石		
011		0622-02	砕石		
011		0629-09	その他の非金属鉱物		
011		0711-01	石炭・原油・天然ガス　（注）		
012	精穀・製粉	1114-01	精穀	011	Mill & starch pdts
012		1114-02	製粉		
013	水産食料品	1113-01	冷凍魚介類	007	Seafood preps
013		1113-02	塩・干・くん製品		
013		1113-03	水産びん・かん詰		
013		1113-04	ねり製品		
013		1113-09	その他の水産食品		
014	と畜・畜産食料品	1111-01	と畜（含肉鶏処理）	006	Meat preparations
014		1112-01	肉加工品	010	Dairy pdts
014		1112-02	畜産びん・かん詰		
014		1112-03	酪農品		
015	その他の食料品	1115-01	めん類	008	Fruit & veg preps
015		1115-02	パン類	009	Oils & fats
015		1115-03	菓子類	012	Spices
015		1116-01	農産びん・かん詰	013	Bread, biscuits & confectionery
015		1116-02	農産保存食料品（除びん・かん詰）	014	Sugar, chocolate & related pdts
015		1117-01	砂糖	015	Noodles & related pdts
015		1117-02	でん粉	016	Coffee & tea
015		1117-03	ぶどう糖・水あめ・異性化糖	017	Other food preps
015		1117-04	植物油脂		
015		1117-05	動物油脂		
015		1117-06	調味料		
015		1119-01	冷凍調理食品		
015		1119-02	レトルト食品		
015		1119-03	そう菜・すし・弁当		
015		1119-04	学校給食（国公立）		
015		1119-05	学校給食（私立）		
015		1119-09	その他の食料品		
015		1131-01	飼料		
015		2029-03	塩		

付表 つづき

共通部門分類		日本I/O部門（6桁）		シンガポールI/O部門	
コード	部門名	コード	部門名	コード	部門名
016	飲料	1121 -01	清酒	018	Soft drinks
016		1121 -02	ビール	019	Alcoholic drinks
016		1121 -03	ウィスキー類		
016		1121 -09	その他の酒類		
016		1129 -01	茶・コーヒー		
016		1129 -02	清涼飲料		
016		1129 -03	製氷		
017	たばこ	1141 -01	たばこ	020	Tobacco pdts
018	紡績	1511 -01	紡績糸	021	Yarn & fabrics
019	織物・染色	1512 -01	綿・スフ織物(含合繊短繊維織物)		
019		1512 -02	絹・人絹織物(含合繊長繊維織物)		
019		1512 -03	毛織物・麻織物・その他の織物		
019		1514 -01	染色整理		
020	ニット製品	1513 -01	ニット生地		
020		1521 -02	ニット製衣服		
021	衣服	1521 -01	織物製衣服	022	Garments
021				024	Tailoring & dressmaking
022	その他の織物	1519 -01	綱・網	023	Millinery & other w. apparel
022		1519 -02	じゅうたん・床敷物	025	Textile articles
022		1519 -03	繊維製衛生材料		
022		1519 -09	その他の繊維工業製品		
022		1522 -09	その他の衣服・身の回り品		
022		1529 -01	寝具		
022		1529 -09	その他の繊維既製品		
023	皮・革製品	2319 -01	ゴム製履物	026	Footwear
023		2319 -02	プラスチック製履物	027	Leather & fur products
023		2411 -01	革製履物		
023		2412 -01	製革・毛皮		
023		2412 -02	かばん・袋物・その他の革製品		
024	製材	1611 -01	製材	028	Wood & wooden products
025	木製家具	1711 -01	木製家具・装備品	029	Wooden furniture & fixtures
025				096	Mattresses
026	その他の木製品	1611 -02	合板		
026		1611 -03	木材チップ		

第2章 アジア国際産業連関表の共通部門分類の設定 69

付表 つづき

共通部門分類		日本 I/O 部門（6桁）		シンガポール I/O 部門	
コード	部門名	コード	部門名	コード	部門名
026		1619-09	その他の木製品		
026		1711-02	木製建具		
027	パルプ・紙	1811-01	パルプ	030	Paper & paper products
027		1812-01	洋紙・和紙		
027		1812-02	板紙		
027		1813-01	段ボール		
027		1813-02	塗工紙・建設用加工紙		
027		1821-01	段ボール箱		
027		1821-09	その他の紙製容器		
027		1829-01	紙製衛生材料・用品		
027		1829-09	その他のパルプ・紙・紙加工品		
028	出版・印刷	1911-01	印刷・製版・製本	031	Newspapers, books & magazines
028		7351-02	新聞	032	Other printing
028		7351-03	出版	129	Publishing
029	合成樹脂	2041-01	熱硬化性樹脂	036	Polymers & man-made fibres
029		2041-02	熱可塑性樹脂		
029		2041-03	高機能性樹脂		
029		2041-09	その他の合成樹脂		
029		2051-01	レーヨン・アセテート		
029		2051-01	合成繊維		
030	化学基礎製品	2021-01	ソーダ工業製品	034	Industrial chemicals & gases
030		2029-02	圧縮ガス・液化ガス	035	Petrochemicals & petrochemical pdts
030		2029-09	その他の無機化学工業製品	041	Food chemicals & additives
030		2031-01	石油化学基礎製品		
030		2031-02	石油化学系芳香族製品		
030		2032-01	脂肪族中間物		
030		2032-02	環式中間物		
030		2033-01	合成ゴム		
030		2039-01	メタン誘導品		
030		2039-02	油脂加工製品		
030		2039-03	可塑剤		
030		2039-09	その他の有機化学工業製品		
031	化学肥料	1131-02	有機質肥料（除別掲）		

付表 つづき

共通部門分類		日本 I/O 部門（6桁）		シンガポール I/O 部門	
コード	部門名	コード	部門名	コード	部門名
031		2011-01	化学肥料		
031		2074-01	農薬		
032	医薬品	2061-01	医薬品	037	Pharmaceutical pdts
033	化学最終製品	2029-01	無機顔料	038	Toiletries & cosmetics
033		2039-04	合成染料	039	Cleaning & polishing preparations
033		2071-01	石けん・合成洗剤・界面活性剤	040	Paints
033		2071-02	化粧品・歯磨	042	Other chemical pdts
033		2072-01	塗料		
033		2072-02	印刷インキ		
033		2073-01	写真感光材料		
033		2079-01	ゼラチン・接着剤		
033		2079-09	その他の化学最終製品		
034	石油製品	2111-01	石油製品	033	Petroleum & petroleum products
034		2121-01	石炭製品		
034		2121-02	舗装材料		
035	プラスチック製品	2211-01	プラスチック製品	045	Plastic precision products
035				046	Other plastic products
036	タイヤ・チューブ	2311-01	タイヤ・チューブ	044	Rubber products
037	その他のゴム製品	2319-09	その他のゴム製品	043	Processing of rubber& natural gums
038	セメント・セメント製品	2521-01	セメント	049	Cement
038		2522-01	生コンクリート		
038		2523-01	セメント製品		
039	ガラス・ガラス製品	2511-01	板ガラス・安全ガラス	047	Glass & glass pdts
039		2512-01	ガラス繊維・同製品	048	Fibreglass & fibreglass pdts
039		2519-09	その他のガラス製品		
040	その他の窯業・土石製品	2531-01	陶磁器	051	Bricks & earth-baked pdts
040		2599-01	耐火物	052	Non-metallic mineral pdts
040		2599-02	その他の建設用土石製品		
040		2599-03	炭素・黒鉛製品		
040		2599-04	研磨材		
040		2599-09	その他の窯業・土石製品		
041	鉄鋼	2611-01	銑鉄	053	Basic iron & steel
041		2611-02	フェロアロイ		

第2章　アジア国際産業連関表の共通部門分類の設定　71

付表　つづき

共通部門分類		日本I/O部門 (6桁)		シンガポール I/O部門	
コード	部　門　名	コード	部　門　名	コード	部門名
041		2611 -03	粗鋼 (転炉)		
041		2611 -04	粗鋼 (電気炉)		
041		2621 -01	熱間圧延鋼材		
041		2622 -01	鋼管		
041		2623 -01	冷間仕上鋼材		
041		2623 -02	めっき鋼材		
041		2631 -01	鋳鍛鋼		
041		2631 -02	鋳鉄管		
041		2631 -03	鋳鉄品及び鍛工品 (鉄)		
041		2649 -01	鉄鋼シャースリット業		
041		2649 -09	その他の鉄鋼製品		
042	非鉄金属	2711 -01	銅	054	Non-ferrous basic metals
042		2711 -02	鉛・亜鉛 (含再生)	084	Electrical wires & cables
042		2711 -03	アルミニウム (含再生)		
042		2711 -09	その他の非鉄金属地金		
042		2722 -01	伸銅品		
042		2722 -02	アルミ圧延製品		
042		2722 -03	非鉄金属素形材		
042		2722 -04	核燃料		
042		2722 -09	その他の非鉄金属製品		
043	金属製品	1711 -03	金属製家具・装備品	055	Metal furniture
043		2811 -01	建設用金属製品	056	Structural metal products
043		2812 -01	建築用金属製品	057	Non-insulated cable products
043		2891 -01	ガス・石油機器及び暖厨房機器	058	Metal containers
043		2899 -01	ボルト・ナット・リベット及びスプリング	059	Treatment & coating of metals
043		2899 -02	金属製容器及び製缶板金製品	060	General hardware
043		2899 -03	配管工事付属品・粉末や金製品・道具類	061	Metal stampings
043		2899 -09	その他の金属製品	063	Other metal products
043				090	Scrap
044	ボイラ・タービン・原動機	3011 -01	ボイラ		
044		3011 -02	タービン		
044		3011 -03	原動機		

付表　つづき

共通部門分類		日本 I/O 部門（6桁）		シンガポール I/O 部門	
コード	部　門　名	コード	部　門　名	コード	部門名
045	一般産業機械	3012 -01	運搬機械	074	Refrigerators & air-conditioners
045		3013 -01	冷凍機・温湿調整装置		
045		3019 -01	ポンプ及び圧縮機		
045		3019 -02	機械工具		
045		3019 -09	その他の一般産業機械及び装置		
045		3031 -02	ベアリング		
045		3031 -09	その他の一般機械器具及び部品		
045		8515 -10	機械修理		
046	金属加工機械	3024 -01	金属工作機械	076	General engineering works
046		3024 -02	金属加工機械		
046		3031 -01	金型		
047	特殊産業用機械	3021 -01	建設・鉱山機械	062	Metal precision components
047		3022 -01	化学機械	073	Lifting & hoisting machinery
047		3023 -01	産業用ロボット	077	Other industrial machinery & equipment
047		3029 -01	農業用機械		
047		3029 -02	繊維機械		
047		3029 -03	食品機械・同装置		
047		3029 -04	半導体製造装置		
047		3029 -05	真空装置・真空機器		
047		3029 -09	その他の特殊産業用機械		
047		3112 -01	サービス用機器		
048	重電機器	3211 -01	回転電気機械	078	Electric motors & generators
048		3211 -02	変圧器・変成器	079	Switchgear & switchboard apparatus
048		3211 -03	開閉制御装置及び配電盤	080	Other electrical industrial apparatus
048		3211 -09	その他の産業用電気機器		
049	テレビ・ラジオ・通信機器	3311 -01	ビデオ機器	066	Audio & video equipment
049		3311 -02	電気音響機器		
049		3311 -03	ラジオ・テレビ受信機		
049		3321 -01	有線電気通信機器		
049		3321 -02	携帯電話機		
049		3321 -03	無線電気通信機器(除携帯電話機)		
049		3321 -09	その他の電気通信機器		

第2章　アジア国際産業連関表の共通部門分類の設定　73

付表　つづき

共通部門分類		日本 I/O 部門（6桁）		シンガポール I/O 部門	
コード	部　門　名	コード	部　門　名	コード	部門名
050	電子計算機器	3331 -01	パーソナルコンピュータ	064	Computers & computer peripheral equipment
050		3331 -02	電子計算機本体（除パソコン）	065	Disk drives
050		3331 -03	電子計算機付属装置		
051	半導体素子・集積回路	3411 -01	半導体素子	067	Semiconductors
051		3411 -02	集積回路	068	Electron tubes
051				069	Capacitors & resistors
051				070	Printed circuit boards
052	その他の電子機器	2721 -01	電線・ケーブル	071	Communication equipment
052		2721 -02	光ファイバケーブル	072	Other electronic products
052		3111 -01	複写機	081	Recorded Media
052		3111 -09	その他の事務用機械		
052		3221 -01	電子応用装置		
052		3231 -01	電気計測器		
052		3421 -01	電子管		
052		3421 -02	液晶素子		
052		3421 -03	磁気テープ・磁気ディスク		
052		3421 -09	その他の電子部品		
053	民生用電気機器	3251 -01	民生用エアコンディショナ	082	Household appliances
053		3251 -02	民生用電気機器（除エアコン）		
054	その他の電気機器	3211 -04	配線器具	083	Storage & primary batteries
054		3211 -05	内燃機関電装品	085	Lamp & lighting fixtures
054		3241 -01	電球類		
054		3241 -02	電気照明器具		
054		3241 -03	電池		
054		3241 -09	その他の電気機械器具		
055	自動車	3511 -01	乗用車	086	Land transport equipment
055		3521 -01	トラック・バス・その他の自動車	149	Repairs of road transport equipment
055		3541 -01	自動車車体		
055		3541 -02	自動車用内燃機関・同部分品		
055		3541 -03	自動車部品		
055		8514 -10	自動車修理		
056	オートバイ	3531 -01	二輪自動車		
057	船舶	3611 -01	鋼船	075	Oil rigs & oilfield machinery

付表 つづき

共通部門分類		日本 I/O 部門（6桁）		シンガポール I/O 部門	
コード	部 門 名	コード	部 門 名	コード	部門名
057		3611 -02	その他の船舶	087	Building of ships & boats
057		3611 -03	舶用内燃機関	088	Repairing of ships & boats
057		3611 -10	船舶修理	089	Marine engine & ship parts
058	その他の輸送機械	3621 -01	鉄道車両	091	Aircraft
058		3621 -10	鉄道車両修理		
058		3622 -01	航空機		
058		3622 -10	航空機修理		
058		3629 -01	自転車		
058		3629 -09	その他の輸送機械		
059	精密機械	3711 -01	カメラ	092	Medical & scientific instruments
059		3711 -09	その他の光学機械	093	Photographic & optical goods
059		3712 -01	時計	094	Watches & clocks
059		3719 -01	理化学機械器具		
059		3719 -02	分析器・試験機・計量器・測定器		
059		3719 -03	医療用機械器具		
060	その他の製造工業製品	3911 -01	がん具	095	Toys & recreational goods
060		3911 -02	運動用品	097	Jewellery
060		3919 -01	楽器	098	Other Manufacturing
060		3919 -02	情報記録物		
060		3919 -03	筆記具・文具		
060		3919 -04	身辺細貨品		
060		3919 -05	畳・わら加工品		
060		3919 -06	武器		
060		3919 -09	その他の製造工業製品		
061	電力・ガス・熱供給	5111 -01	事業用原子力発電	099	Electricity
061		5111 -02	事業用火力発電	100	Gas
061		5111 -03	水力・その他の事業用発電		
061		5111 -04	自家発電		
061		5121 -01	都市ガス		
061		5122 -01	熱供給業		
062	上下水道	5211 -01	上水道・簡易水道	101	Water
062		5211 -02	工業用水		
062		5211 -03	下水道		
063	建物建設	4111 -01	住宅建築（木造）	102	Building construction

付表 つづき

共通部門分類		日本I/O部門（6桁）		シンガポールI/O部門	
コード	部門名	コード	部門名	コード	部門名
063		4111-02	住宅建築（非木造）		
063		4112-01	非住宅建築（木造）		
063		4112-02	非住宅建築（非木造）		
063		4121-01	建設補修		
064	その他の建設	4131-01	道路関係公共事業	103	Other construction
064		4131-02	河川・下水道・その他の公共事業		
064		4131-03	農林関係公共事業		
064		4132-01	鉄道軌道建設		
064		4132-02	電力施設建設		
064		4132-03	電気通信施設建設		
064		4132-09	その他の土木建設		
065	商業	6111-01	卸売	104	Wholesale & retail trades
065		6112-01	小売		
066	運輸	7111-01	鉄道旅客輸送	107	Passenger transport by land
066		7112-01	鉄道貨物輸送	108	Freight transport by land
066		7121-01	バス	109	Water transport
066		7121-02	ハイヤー・タクシー	110	Supporting services to water transport
066		7122-01	道路貨物輸送（除自家輸送）	111	Port operation services
066		7131-01P	自家輸送（旅客自動車）	112	Air transport
066		7132-01P	自家輸送（貨物自動車）	113	Supporting services to air transport
066		7141-01	外洋輸送	114	Airport operation services
066		7142-01	沿海・内水面輸送	115	Warehousing services
066		7143-01	港湾運送	116	Other freight transport
066		7151-01	航空輸送	118	Other transport services
066		7161-01	貨物利用運送	119	Crane & container services
066		7171-01	倉庫		
066		7181-01	こん包		
066		7189-01	道路輸送施設提供		
066		7189-02	水運施設管理		
066		7189-03	その他の水運付帯サービス		
066		7189-04	航空施設管理（国公営）		
066		7189-05	航空施設管理（産業）		
066		7189-06	その他の航空付帯サービス		

付表 つづき

共通部門分類		日本 I/O 部門 (6桁)		シンガポール I/O 部門	
コード	部門名	コード	部門名	コード	部門名
066		7189-09	旅行・その他の運輸付帯サービス		
067	通信	7311-01	郵便・信書便	120	Communications
067		7312-01	固定電気通信		
067		7312-02	移動電気通信		
067		7312-03	その他の電気通信		
067		7319-09	その他の通信サービス		
068	金融・保険	6211-01	金融	121	Life insurance
068		6212-01	生命保険	122	General & other insurance
068		6212-02	損害保険	123	Banks & finance companies
068				124	Other financial services
069	不動産	6411-01	不動産仲介・管理業	125	Real estate
069		6411-02	不動産賃貸業	152	Ownership of dwellings
069		6421-01	住宅賃貸料		
069		6422-01	住宅賃貸料 (帰属家賃)		
070	教育・研究	8211-01	学校教育 (国公立)	141	Education
070		8211-02	学校教育 (私立)		
070		8213-01	社会教育 (国公立)		
070		8213-02	社会教育 (非営利)		
070		8213-03	その他の教育訓練機関 (国公立)		
070		8213-04	その他の教育訓練機関 (産業)		
070		8221-01	自然科学研究機関 (国公立)		
070		8221-02	人文科学研究機関 (国公立)		
070		8221-03	自然科学研究機関 (非営利)		
070		8221-04	人文科学研究機関 (非営利)		
070		8221-05	自然科学研究機関 (産業)		
070		8221-06	人文科学研究機関 (産業)		
071	医療・保健・社会保障	8311-01	医療 (国公立)	142	Medical & health services
071		8311-02	医療 (公益法人等)		
071		8311-03	医療 (医療法人等)		
071		8312-01	保健衛生 (国公立)		
071		8312-02	保健衛生 (産業)		
072	飲食店	8612-01	一般飲食店 (除喫茶店)	105	Food & beverage services
072		8612-02	喫茶店		
072		8612-03	遊興飲食店		

第 2 章 アジア国際産業連関表の共通部門分類の設定 77

付表 つづき

共通部門分類		日本 I/O 部門（6桁）		シンガポール I/O 部門	
コード	部 門 名	コード	部 門 名	コード	部門名
073	旅館	8613-01	宿泊業	106	Accommodation services
074	その他のサービス	0131-01	獣医業	117	Sight-seeing & tourism
074		0131-02	農業サービス（除獣医業）	126	Legal services
074		5212-01	廃棄物処理（公営）	127	Accounting & secretarial services
074		5212-02	廃棄物処理（産業）	128	Information technology
074		7321-01	公共放送	130	Architectural & engineering services
074		7321-02	民間放送	131	Industry design services
074		7321-03	有線放送	132	Petroleum & mining consultants
074		7331-01	情報サービス	133	Employment & labour contracting
074		7341-01	インターネット附随サービス	134	Advertising & exhibitions
074		7351-01	映像情報制作・配給業	135	Leasing of machinery & equipment
074		7351-04	ニュース供給・興信所	136	Management consultants
074		8313-01	社会保険事業（国公立）	137	Hotel management services
074		8313-02	社会保険事業（非営利）	138	Other business & technical services
074		8313-03	社会福祉（国公立）	140	Security services
074		8313-04	社会福祉（非営利）	143	Environmental health services
074		8313-05	社会福祉（産業）	144	Cinema services
074		8314-01	介護（居宅）	145	Broadcasting & entertainment services
074		8314-02	介護（施設）	146	Other recreational services
074		8411-01	対企業民間非営利団体	147	Personal & household services
074		8411-02	対家計民間非営利団体（除別掲）	148	Repairs of household goods
074		8511-01	広告	150	Domestic services
074		8512-01	物品賃貸業（除貸自動車）	151	Non-profit bodies
074		8513-01	貸自動車業		
074		8519-01	建物サービス		
074		8519-02	法務・財務・会計サービス		
074		8519-03	土木建築サービス		
074		8519-04	労働者派遣サービス		
074		8519-09	その他の対事業所サービス		
074		8611-01	映画館		
074		8611-02	興行場（除別掲）・興行団		
074		8611-03	遊戯場		

付表 つづき

共通部門分類		日本 I/O 部門（6桁）		シンガポール I/O 部門	
コード	部 門 名	コード	部 門 名	コード	部門名
074		8611 -04	競輪・競馬等の競走場・競技団		
074		8611 -05	スポーツ施設提供業・公園・遊園地		
074		8611 -09	その他の娯楽		
074		8614 -01	洗濯業		
074		8614 -02	理容業		
074		8614 -03	美容業		
074		8614 -04	浴場業		
074		8614 -09	その他の洗濯・理容・美容・浴場業		
074		8619 -01	写真業		
074		8619 -02	冠婚葬祭業		
074		8619 -03	各種修理業（除別掲）		
074		8619 -04	個人教授業		
074		8619 -09	その他の対個人サービス		
075	公務	8111 -01	公務（中央）	139	Producers of government services
075		8112 -01	公務（地方）		
076	分類不明	9000 -00	分類不明		

（出所）　筆者作成。
（注）　「0711-01 石炭・原油・天然ガス」は共通部門分類「008 原油・天然ガス」と「011 非金属鉱物」に分割。
　　　　「0611-01 金属鉱物」は共通部門分類「009 鉄鉱石」と「010 その他の金属鉱物」に分割。

第3章

各国産業連関表の延長推計の方法

佐 野 敬 夫

はじめに

　ある対象年次の国際産業連関表を作成するためには，その国際産業連関表に組み込まれるすべての国（内生国）の対象年次の産業連関表が揃っている必要がある。対象年次の産業連関表が存在しない内生国については，それを作成する作業が必要になるが，通常は対象年次のデータを可能なかぎり収集した上で，その国の基本となる産業連関表（基準年次の産業連関表）の構造を利用して，対象年次の産業連関表を推計することになる。この作業を産業連関表の延長推計作業と呼んでいる。国際産業連関表の作成にはさまざまな作業が必要となるが，各国産業連関表の延長推計作業は最も労力を要する作業のひとつである。たとえば，2005年アジア国際産業連関表の作成に際しては，中国，フィリピン，台湾，シンガポール，米国と内生国の半数について2005年産業連関表の延長推計作業が必要になった。

　本章では，一国の産業連関表の延長推計作業において，どのような作業が必要となるのか，どのような方法が存在するのか，実際にどのようなコンピュータ・プログラムを準備したのかなどについての説明を行う。

　第1節では，一国産業連関表の延長推計作業の標準的な作業手順について述べる。ここでは，日本を例にとり，産業連関表の延長推計作業の手順と各ステップで行われる作業について，簡単な説明を行っている。日本を取り上

げる理由は，日本では他の国々と比較して，産業連関表の延長推計作業は最も詳細に行われているため，いずれの国における延長推計についても参考になると考えられるからである。

第2節では，産業連関表における中間取引部分の推計方法について述べる。中間取引を取り上げるのは，以下の理由からである。第1に，中間取引部分の推計は，延長推計の中で最も困難な作業であるためである。第2に，延長推計は，各国におけるデータの利用可能性に応じてさまざまな方法で行われるが，中間取引部分については，比較的標準的な方法が存在するからである。実際に，多くの機械的な計算による推計方法が存在しているが，本節では，それらの方法について説明するとともにそれぞれの方法の比較を行う。また，数値例を用いて各推計方法のパフォーマンスの評価を行う。さらに，中間取引の延長推計において，最も標準的に用いられる RAS 法の類型と修正 RAS 法についても紹介する。

第3節では，拡張 RAS 法について述べる。これは第2節で取り上げる方法のひとつである RAS 法を，アジア国際産業連関表（アジア表）の実際の作成作業を考慮して改良を加えたものである。ここでは，アジア経済研究所におけるアジア表の作成作業において使用されたコンピュータ・プログラムの機能を中心にみていくことにする。

第1節　一国産業連関表の延長推計

多くのアジアの国々では5年ごとに産業連関表を作成しており，それを一般に基本表（あるいはベンチマーク表）と呼んでいる。しかし，目的により，基本表とは異なる年次（対象年次）の産業連関表が必要になる場合がある。そのような場合，対象年次に関するデータをできるだけ多く収集し，基本表の構造を参照しながら，対象年次の表を推計することになる。この作業を産業連関表の延長推計作業と呼んでいる。

図 3-1　一国の産業連関表

（競争輸入型表）

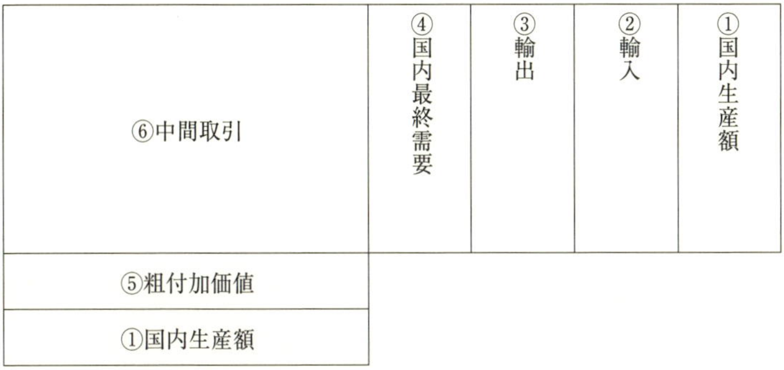

⑥中間取引	④国内最終需要	③輸出	②輸入	①国内生産額
⑤粗付加価値				
①国内生産額				

（非競争輸入型表）

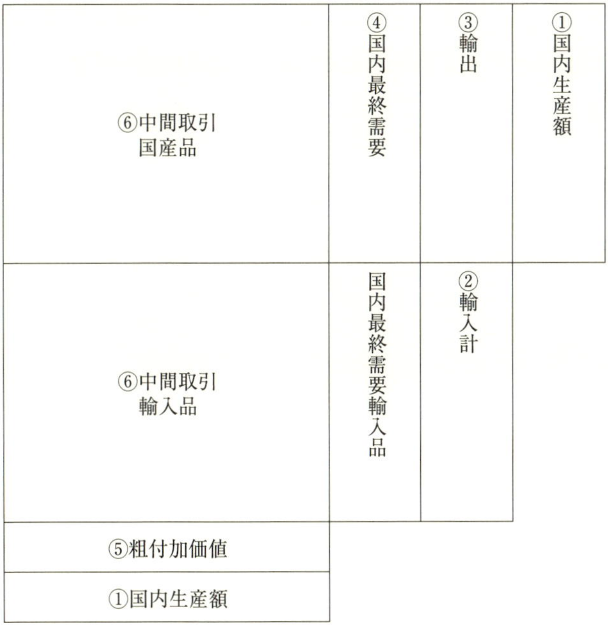

⑥中間取引 国産品	④国内最終需要	③輸出	①国内生産額
⑥中間取引 輸入品	国内最終需要輸入品	②輸入計	
⑤粗付加価値			
①国内生産額			

（出所）　筆者作成。

　アジ研では2013年に2005年アジア表を完成させたが，この表を作成するために，内生10カ国の2005年産業連関表が必要となった。しかし，内生国のう

ち，中国，台湾，フィリピン，シンガポール，米国の5カ国については2005年の表を作成していなかったため，これらの国については延長推計により2005年表を作成した。

そこで，本節では，日本の産業連関表の延長推計作業を例にとり，一国の産業連関表の延長推計作業の大まかな流れをみていくこととする。日本を取り上げる理由は，他国の場合と比較して，延長推計作業が最もきめ細かな手順で進められていると思われるからである。ただし，ここでの目的は延長推計作業の大まかな流れを確認することであるため，各作業ステップは概略を述べるにとどめ，詳細は省略した。参照したのは経産省（2013）である。

産業連関表の一般的な形式は図 3-1のとおりである。図中にある「競争輸入型表」とは，輸入品と国産品を区別しない表であり，「非競争輸入型表」とは，輸入品と国産品を区別して扱う表である。延長推計の手順はいずれの表についてもほとんど同じであるため，ここでは競争輸入型表に基づいて説明を進める。

経産省（2013）によると，日本産業連関表の延長推計作業は以下の10段階に分けて行われている。

1．データの収集
2．国内生産額の推計
3．輸出入額の推計
4．国内総供給額の推計
5．国内最終需要額の推計
6．再生資源・加工処理部門の推計
7．投入額（中間投入・粗付加価値額）の推計（試算表の作成）
8．バランス調整
9．固定価格評価表（実質表の作成）
10．部門統合

第3章 各国産業連関表の延長推計の方法 83

本節では，上記の作業段階のうち，本章とは関連の薄い「6.再生資源・加工処理部門の推計」「9.固定価格評価表（実質表）の作成」および「10.部門統合」を除く7つについて説明を行う。なお，以下では，説明を省略する部分を除いて各作業段階のナンバリングをしているため，上記の番号とは必ずしも一致しない点に注意されたい。

1．データ収集

対象年次の産業連関表の延長推計のために必要なデータを収集し，以下の作業に使用する。

2．国内生産額の推計

図 3-1における①の部分（2カ所あり同じ数字が入る）の推計である。表の最下行にある国内生産額は「総投入」とも呼ばれ，表の最右列にある国内生産額は「総産出」とも呼ばれる（本章では，これら3つの用語を場合に応じて使い分けることにする）。

推計方法は部門ごとに次のようになる（実際には産業連関表部門分類よりも詳細なレベルで推計される）。

対象年次の国内生産額＝基準年次の国内生産額×名目生産額の伸び率

ただし，名目生産額の伸び率が入手できない場合には次の方法で推計される。

対象年次の国内生産額＝基準年次の国内生産額 × 生産数量の伸び率 × 価格上昇率

上記の推計のためには極めて広範な統計資料の収集が必要となる。

3．輸出入額の推計

図 3-1における②と③の推計である。輸出入には，普通貿易，特殊貿易，直接購入，関税（輸入のみ），輸入品商品税（輸入のみ）が含まれる。

普通貿易と関税については，貿易統計を産業連関表部門分類別に集計することにより得ることができる。特殊貿易と直接購入は国際収支表を産業連関表部門分類に対応させ，基準年次の分割比率を用いて推計される。輸入品商品税については，国税庁の公表データから推計されている。

4．国内総供給額の推計

上の 2．および 3．で得られた数字から，行部門ごとに①＋②－③を計算することにより得ることができる。国内総供給額は，産業連関表の項目ではなく，他の項目の推計に用いられる。

5．国内最終需要額の推計

図 3-1における④の部分の推計である。国内最終需要には民間消費支出，政府消費支出，総固定資本形成，在庫純増などがある。

(1) 民間消費支出の推計

民間消費支出には，家計消費支出と対家計民間非営利団体消費支出があるが，最初に家計消費支出の推計方法をみる。

① まず，家計調査から基準年次と対象年次の世帯当たり品目別支出額を求め，基準年次と対象年次の世帯数を乗じることにより，基準年次から対象年次への伸び率を推計する。そのうえで，基準年次の家計消費支出額にその伸び率を乗じて，対象年次の品目別消費支出額を得る。

② ただし，基準年次の国内需要の60％以上が家計消費支出に産出される部門については，その部門の国内総供給額の基準年次から対象年次への伸び率を基準年次の家計消費支出額に乗じて推計する。

③ なお，家計消費支出の商業マージンと運輸コストは基準年次の比率を用いて推計する。

対家計民間非営利団体消費支出は，部門別に次式により推計する。

対象年次の対家計民間非営利団体消費支出
＝基準年次の対家計民間非営利団体消費支出
　　　　　×基準年次から対象年次への国内総供給額の伸び率

---

(2) 政府消費支出の推計

政府消費支出は，部門別に次式により推計する。

対象年次の政府消費支出＝基準年次の政府消費支出
　　　　　×基準年次から対象年次への国内総供給額の伸び率

---

(3) 国内総固定資本形成の推計

① 法人企業統計調査を用いて，基準年次から対象年次への業種別投資額の伸び率を求め，それを基準年次の固定資本マトリクスにおける資本形成部門ごとの資本財に乗じて，対象年次の固定資本マトリクスを仮推計する。この各資本財について，公的，民間それぞれごとに集計することにより，対象年次の国内総固定資本形成額を推計する。

② ただし，基準年次の産業連関表で国内需要の70％が国内総資本形成に産出される部門については次の方法で推計する。

> 対象年次の国内総固定資本形成
> ＝基準年次の国内総資本形成×基準年次から対象年次への国内総供給額
> の伸び率

③　なお，商業マージンと運輸コストは基準年次の比率を用いて推計する。

⑷　在庫純増の推計

在庫の種類により方法，使用データが異なる。原材料在庫を除いて，工業統計，生産動態統計，商業動態統計等が使用される。原材料在庫純増は基準年次の産業連関表の財の投入比率に工業統計の産業別原材料在庫純増額を乗じることにより推計される。

6．投入額（粗付加価値額・中間投入）の推計（試算表の作成）

図 3-1における⑤と⑥の部分の推計である。

⑴　粗付加価値

粗付加価値の推計は鉱工業部門とそれ以外で異なる。

①　鉱工業部門

工業統計のデータを用いて，部門ごとに基準年次と対象年次の付加価値係数，雇用者所得係数，資本減耗係数を求め，変化率を推計する。この変化率を，基準年次の粗付加価値係数等に乗じて，対象年次の付加価値係数等の推計値を求め，その係数を対象年次の国内生額に乗じて部門別項目別粗付加価値を推計する。

②　その他の部門

基準年次の付加価値係数に対象年次の国内生産額を乗じることにより推計

される。

(2) 中間投入

中間投入額は基準年次の投入係数に対象年次の国内生産額を乗じて推計するが，投入係数の安定性のため，あらかじめ基準年次の投入係数の価格を対象年次の価格に変換しておく。そのためには基準年次の中間取引の各行を対象年次の価格に変換し，基準年次の各列の国内生産額の価格を対象年次のものに変換して投入係数を求め直せばよい。

以上で対象年次の産業連関表の各部分の推計値が揃ったことになる。

7．バランス調整

各最終需要項目計と各粗付加価値項目計の基準年次から対象年次への伸び率を国民経済計算より求め，その伸び率を基準年次の各最終需要項目計と各粗付加価値項目計に乗じることにより，対象年次の各最終需要項目計と各粗付加価値項目計の値とする。これにより試算表は完成する。

この表の列方向におけるコントロール・トータル（固定値）は，内生部門については総投入（＝国内総生産額）であり，最終需要については各最終需要項目の合計値である。一方，この表の行方向におけるコントロール・トータルは，内生部門については総産出（＝国内生産額）であり，粗付加価値については各粗付加価値項目の合計値である。

しかし試算表の段階ではこの表の列計も行計もコントロール・トータルに一致していない。そのために種々の統計を用いて表の調整を行い，最後はラグランジュの未定係数法（経産省 2013では単に「未定乗数法」と呼んでいる）による機械的な調整を行う（ただし，幾つかの項目は機械的なバランス調整からは除かれている）。

大まかに述べれば，各部門とも次の制約式が成立するように数字を調整する。

（行方向）	国内生産額＝中間取引＋国内最終需要＋輸出－輸入
（列方向）	国内生産額＝中間取引＋粗付加価値

　また，これに各粗付加価値項目と各国内最終需要項目に関する制約式も加わる。

第2節　中間取引の延長推計方法

　本節では，一国の産業連関表の中間取引部分の延長推計に関する各種方法を紹介する。まず，さまざまな延長推計の方法について説明し，つぎにその方法を実際のデータに当てはめてシミュレーションを行う。また，その他のRAS法の類型と修正RAS法についても紹介する。

　以下では，各延長推計方法の異同がノーテーション（数学的表記）からわかるように，可能なかぎりノーテーションを統一した。

　まず，次のような表形式の産業連関表について考える。なお，基準年次および対象年次のいずれも表形式は同じと想定する。

$$
\begin{array}{|cccc|c|c|c|}
c_{11} & c_{12} & \cdots & c_{1n} & w_1 & F_1 & X_1 \\
c_{21} & c_{22} & \cdots & c_{2n} & w_2 & F_2 & X_2 \\
\vdots & \vdots & \ddots & \vdots & \vdots & \vdots & \vdots \\
c_{n1} & c_{n2} & \cdots & c_{nn} & w_n & F_n & X_n \\
\hline
z_1 & z_2 & \cdots & z_n \\
\hline
V_1 & V_2 & \cdots & V_n \\
\hline
X_1 & X_2 & \cdots & X_n \\
\end{array}
$$

ここで使用している記号の意味はつぎに示すとおりである。

c_{ij}：　中間取引額　$(i, j = 1, 2, \cdots, n)$

z_j：　中間投入計　$(j = 1, 2, \cdots, n)$

V_j：　付加価値　$(j = 1, 2, \cdots, n)$

X_j：　国内生産額＝総投入＝総産出　$(j = 1, 2, \cdots, n)$

w_i ： 中間需要計 $(i = 1, 2, \cdots, n)$

F_i ： 最終需要 $(i = 1, 2, \cdots, n)$

　また，これらの記号の右肩に「0」の添え字を付したものは基準年次の数値，あるいはイタレーション（反復計算）の初期値（両者は同じか非常に近い関係にある）とし，右肩に添え字のないものは対象年次の数値とする。また，ゼロ以外の添え字はイタレーション番号など，イタレーション中のものを指す（k 回目のイタレーション結果など）。

　なお，基準年次の産業連関表の価格は部門別生産者価格を用いて，あらかじめ対象年次の価格に変換されていることが望ましい。その変換方法は以下のとおりである。

　p_i を部門 i の基準年次から対象年次への生産者価格のデフレータとすると，基準年次の投入係数 $a_{ij}^0 = c_{ij}^0 / X_j^0$ は，対象年次の価格で $p_i c_{ij}^0 / p_j X_j^0$ となる。これを，改めて a_{ij}^0 と表記することとする。また，イタレーションの初期値に中間取引額を用いる場合は，この投入係数に j 部門の対象年次の国内生産額を乗じた $a_{ij}^0 X_j$ を用いることが望ましい。これを，改めて c_{ij}^0 と表記する。

　なお，部門別の生産者価格データが入手できない場合は，基準年次の名目値を初期値として計算を進める。簡略化のため，以下では基準年次の名目値を初期値として説明を行う。

1. RAS 法

RAS 法は最も頻繁に使用されている延長推計方法である。

まず，基準年次の投入係数行列が次のように与えられているとする。

$$A^0 = [a_{ij}^0] = \begin{bmatrix} a_{11}^0 & a_{12}^0 & \cdots & a_{1n}^0 \\ a_{21}^0 & a_{22}^0 & \cdots & a_{2n}^0 \\ \vdots & \vdots & \ddots & \vdots \\ a_{n1}^0 & a_{n2}^0 & \cdots & a_{nn}^0 \end{bmatrix}$$

ここで，$a_{ij}^0 = c_{ij}^0 / X_j^0$ $(i, j = 1, 2, \cdots, n)$ である。

つぎに，対象年次の外生部門の値，つまり，国内生産額，付加価値，最終需要が何らかの方法で推計されているとすると，対象年次の中間投入計と中間需要計が決まる。そこで，その対象年次の国内生産額 $X = [X_1 \quad X_2 \quad \cdots \quad X_n]$，中間投入計 $z = [z_1 \quad z_2 \quad \cdots \quad z_n]$，中間需要計 $w = [w_1 \quad w_2 \quad \cdots \quad w_n]'$ および基準年次の投入係数が与えられたとき，対象年次の中間取引部分を推計する手法のひとつが RAS 法である。

まず，基準年次の投入係数と対象年次の国内生産額から，対象年次の中間取引の初期値が次式により得られる。

$$C^0 = [c_{ij}^0] = A^0 \hat{X}$$

なお，ベクトルの上にハットをつけて，そのベクトルを主対角成分とする対角行列を表すことにする。

ここで得られた中間取引行列の行合計（各行の合計）が対象年次の中間需要計に等しくなるように中間取引行列を調整し，次いで得られた中間取引行列の列合計（各列の合計）が対象年次の中間投入計に等しくなるよう中間取引行列を調整する。調整の方法は以下のようになり，逐次この一組の調整を繰り返す。

（第1ステップの前半）

対象年次の中間需要計と初期値の行合計，$\sum_{j=1}^n c_{ij}^0$ $(i = 1, 2, \cdots, n)$，との比率（「行修正係数」と呼ぶ）からなる列ベクトルをつくると，次のようになる。

$$r^0 = [r_i^0] = [w_i / \Sigma_{j=1}^n c_{ij}^0]$$

これを初期値の左から乗じる。

$$\dot{C}^0 = [\dot{c}_{ij}^0] = \widehat{r^0} [c_{ij}^0]$$

それにより，対象年次の中間需要計と行合計とが等しくなる行列が得られる。

（第1ステップの後半）

上で得た行列は行方向にはバランスがとれているが，一般に列方向にはバ

ランスがとれていない。そこで，対象年次の中間投入計と上で得られた行列の列合計$\sum_{i=1}^{n} \dot{c}_{ij}^{0}$（$j=1, 2, \cdots, n$）の比率（「列修正係数」と呼ぶ）からなるベクトルを次式により求める。

$$s^{0} = [s_{j}^{0}] = [z_{j}/\sum_{i=1}^{n} \dot{c}_{ij}^{0}]$$

この対角行列を上で得られた行列の右から乗じる。

$$C^{1} = [c_{ij}^{1}] = \dot{C}^{0}\widehat{s^{0}}$$

これが対象年次の中間取引行列の第1次推計値である。この行列は列方向へのバランスはとれているが，今度は一般に行方向へのバランスが崩れているため，上の操作を繰り返す。一般的にk回目のイタレーションの操作は次のようになる。

（第kステップの前半）

$$\dot{C}^{k-1} = [\dot{c}_{ij}^{k-1}] = \widehat{r^{k-1}}C^{k-1}$$

（第kステップの後半）

$$C^{k} = [c_{ij}^{k}] = \dot{C}^{k-1}\widehat{s^{k-1}}$$

ここで，C^{k-1}は$k-1$回目のイタレーションの結果，r^{k-1}とs^{k-1}は，それぞれ行修正係数と列修正係数である。

この操作を繰り返し，得られた行列の列合計と対象年次の中間投入計および行合計と対象年次の中間需要計の乖離が十分小さくなったところでイタレーションを終え，収束したと考える。

p回のイタレーションで収束したとき，

$$C^{p} = [c_{ij}^{p}] = \begin{bmatrix} c_{11}^{p} & c_{12}^{p} & \cdots & c_{1n}^{p} \\ c_{21}^{p} & c_{22}^{p} & \cdots & c_{2n}^{p} \\ \vdots & \vdots & \ddots & \vdots \\ c_{n1}^{p} & c_{n2}^{p} & \cdots & c_{nn}^{p} \end{bmatrix}$$

が延長推計された表の中間取引部分となる。また，

$$
r = \begin{bmatrix} r_1 \\ r_2 \\ \vdots \\ r_n \end{bmatrix} = \begin{bmatrix} r_1^0 \, r_1^1 \cdots r_1^{p-1} \\ r_2^0 \, r_2^1 \cdots r_2^{p-1} \\ \vdots \\ r_n^0 \, r_n^1 \cdots r_n^{p-1} \end{bmatrix}
$$

$$
s = \begin{bmatrix} s_1 \\ s_2 \\ \vdots \\ s_n \end{bmatrix} = \begin{bmatrix} s_1^0 \, s_1^1 \cdots s_1^{p-1} \\ s_2^0 \, s_2^1 \cdots s_2^{p-1} \\ \vdots \\ s_n^0 \, s_n^1 \cdots s_n^{p-1} \end{bmatrix}
$$

とおいたとき，$\hat{r}$ と $\hat{s}$ を用いると，中間取引行列の初期値と延長推計された中間取引行列の関係は次のように書ける。

$$
\begin{bmatrix} c_{11}^p & c_{12}^p & \cdots & c_{1n}^p \\ c_{21}^p & c_{22}^p & \cdots & c_{2n}^p \\ \vdots & \vdots & \ddots & \vdots \\ c_{n1}^p & c_{n2}^p & \cdots & c_{nn}^p \end{bmatrix} = \hat{r} \begin{bmatrix} c_{11}^0 & c_{12}^0 & \cdots & c_{1n}^0 \\ c_{21}^0 & c_{22}^0 & \cdots & c_{2n}^0 \\ \vdots & \vdots & \ddots & \vdots \\ c_{n1}^0 & c_{n2}^0 & \cdots & c_{nn}^0 \end{bmatrix} \hat{s}
$$

この両辺に対象年次の国内生産額の逆数からなる対角行列を右から乗じ，基準年次の投入係数行列を改めて A^0 と書くと，対象年次の投入係数は基準年次の投入係数を用いて次のように書ける。

$$
\begin{bmatrix} c_{11}^p & c_{12}^p & \cdots & c_{1n}^p \\ c_{21}^p & c_{22}^p & \cdots & c_{2n}^p \\ \vdots & \vdots & \ddots & \vdots \\ c_{n1}^p & c_{n2}^p & \cdots & c_{nn}^p \end{bmatrix} \begin{bmatrix} X_1^{-1} & 0 & \cdots & 0 \\ 0 & X_2^{-1} & \cdots & 0 \\ \vdots & \vdots & \ddots & \vdots \\ 0 & 0 & \cdots & X_n^{-1} \end{bmatrix}
$$

$$
= \hat{r} \begin{bmatrix} c_{11}^0 & c_{12}^0 & \cdots & c_{1n}^0 \\ c_{21}^0 & c_{22}^0 & \cdots & c_{2n}^0 \\ \vdots & \vdots & \ddots & \vdots \\ c_{n1}^0 & c_{n2}^0 & \cdots & c_{nn}^0 \end{bmatrix} \hat{s} \begin{bmatrix} X_1^{-1} & 0 & \cdots & 0 \\ 0 & X_2^{-1} & \cdots & 0 \\ \vdots & \vdots & \ddots & \vdots \\ 0 & 0 & \cdots & X_n^{-1} \end{bmatrix}
$$

上の左辺は対象年次の投入係数であり，右辺は少し変形して以下の式を得る。

$$
\begin{bmatrix}
a_{11}^p & a_{12}^p & \cdots & a_{1n}^p \\
a_{21}^p & a_{22}^p & \cdots & a_{2n}^p \\
\vdots & \vdots & \ddots & \vdots \\
a_{n1}^p & a_{n2}^p & \cdots & a_{nn}^p
\end{bmatrix}
= \hat{r}
\begin{bmatrix}
c_{11}^0 & c_{12}^0 & \cdots & c_{1n}^0 \\
c_{21}^0 & c_{22}^0 & \cdots & c_{2n}^0 \\
\vdots & \vdots & \ddots & \vdots \\
c_{n1}^0 & c_{n2}^0 & \cdots & c_{nn}^0
\end{bmatrix}
\begin{bmatrix}
X_1^{-1} & 0 & \cdots & 0 \\
0 & X_2^{-1} & \cdots & 0 \\
\vdots & \vdots & \ddots & \vdots \\
0 & 0 & \cdots & X_n^{-1}
\end{bmatrix}
\hat{s}
$$

$$
= \hat{r}
\begin{bmatrix}
a_{11}^0 & a_{12}^0 & \cdots & a_{1n}^0 \\
a_{21}^0 & a_{22}^0 & \cdots & a_{2n}^0 \\
\vdots & \vdots & \ddots & \vdots \\
a_{n1}^0 & a_{n2}^0 & \cdots & a_{nn}^0
\end{bmatrix}
\hat{s}
$$

$$
= \hat{r} A^0 \hat{s}
$$

　この方法がRAS法と呼ばれるのは最後の式の形から来る。$\hat{r}$は基準年次の投入係数の各行を変化させるもので，$\hat{s}$は各列を変化させるものである。金子（1977）では，$\hat{r}$を加工度変化修正係数の対角行列，$\hat{s}$を代替変化修正係数の対角行列と呼んでいる。

　ここで注意を要するのは，RAS法はいつでも収束が保証されているものではないということである。経験によれば，対象年次の部門別国内生産額，付加価値額，最終需要額の数字を固めた直後の段階では，むしろ，RAS法は収束しないことの方が多い。収束しない場合には，RAS法の収束の過程をよく観察し，そこで何が起こっているのかを細かく検討すると，収集した国内生産額，付加価値額，最終需要額のデータの中にある種の不整合を発見することが多い。たとえば，米の生産量に対する精米の生産量の過多，あるいは過少といったようなことである。この場合には，米と精米の部門の行修正係数あるいは列修正係数が1から大きく乖離し，収束に向かわないということにより問題点を発見することができる。

2．平均増加倍率法（加法）

　平均増加倍率法（加法）は，基準年次の中間取引および対象年次の中間投入計と中間需要計が与えられて，対象年次の中間取引を直接推計する。その

94

方法は RAS 法と同じく，イタレーションによる。この方法では，イタレーションの途中で，対象年次の中間需要計と中間取引行列の行合計の比である行修正係数で各行を調整し，また，対象年次の中間投入計と中間取引行列の列合計の比である列修正係数で各列を調整するのは RAS 法の場合と同じであるが，平均増加倍率法では，それらを同時に行い，双方の結果を足して 2 で割るという方法で調整を行う点で RAS 法とは異なっている。なお，金子 (1977) はこの方法を単に「平均増加倍率法」と呼んでいるが，本章では次の項の方法と区別するために平均増加倍率法（加法）とした。

　ここで，初期の行修正係数と列修正係数が以下のとおりであったとする。

$$r^0 = [r_i^0] = [w_i / \Sigma_{j=1}^n c_{ij}^0]$$
$$s^0 = [s_j^0] = [z_j / \Sigma_{i=1}^n c_{ij}^0]$$

（第 1 ステップ）

　上の 2 種類の係数を用いて，基準年次の中間取引を次のように調整する。

$$C^1 = [c_{ij}^1] = \frac{1}{2} \widehat{r^0} \, C^0 + \frac{1}{2} \, C^0 \widehat{s^0}$$

この操作の後，一般的には列方向にも行方向にもバランスはとれていない。したがって，同じ操作を繰り返す。$k-1$ 回目の繰り返しの後，行修正係数と列修正係数が，それぞれ $r^{k-1} = [r_i^{k-1}]$ と $s^{k-1} = [s_j^{k-1}]$ であったとすると，k 回目の調整は次のようになる。

（第 k ステップ）

$$C^k = [c_{ij}^k] = \frac{1}{2} \widehat{r^{k-1}} \, C^{k-1} + \frac{1}{2} \, C^{k-1} \widehat{s^{k-1}}$$

この操作を続けて p 回目のイタレーションの後，行修正係数と列修正係数が十分に 1 に近ければ，そこで収束したものとしてイタレーションを終了する。そのときの対象年次における中間取引の延長推計値は次のようになる。

$$
\begin{bmatrix}
c_{11}^{p} & c_{12}^{p} & \cdots & c_{1n}^{p} \\
c_{21}^{p} & c_{22}^{p} & \cdots & c_{2n}^{p} \\
\vdots & \vdots & \ddots & \vdots \\
c_{n1}^{p} & c_{n2}^{p} & \cdots & c_{nn}^{p}
\end{bmatrix}
$$

ここでは RAS 法のような $\hat{r}$ と $\hat{s}$ は得られない。また，この方法についても，必ずしも収束は保証されていない。

3．平均増加倍率法（乗法）

2．で説明した「平均増加倍率法（加法）」は，中間取引の行合計と与えられた中間需要計との乖離および中間取引の列合計と与えられた中間投入計との乖離を行と列で同時に調節し，それを足して 2 で割ること（両者の算術平均）により調整を続けるという方法である。それならば，その幾何平均版があってもよいというのはごく自然な発想である。それをここでは「平均増加倍率法（乗法）」と呼ぶことにする。この定式化のために，平均増加倍率法（加法）のイタレーション第 k ステップを成分表示でみると次のようになる。

$$
[c_{ij}^{k}] = \frac{1}{2}\,[r_{i}^{k-1}c_{ij}^{k-1}] + \frac{1}{2}\,[c_{ij}^{k-1}s_{j}^{k-1}] = \frac{1}{2}\,[r_{i}^{k-1}c_{ij}^{k-1} + c_{ij}^{k-1}s_{j}^{k-1}]
$$

上式の右辺を幾何平均に置き換えれば次のようになる。

$$
[c_{ij}^{k}] = \left[\sqrt{r_{i}^{k-1}c_{ij}^{k-1}}\sqrt{c_{ij}^{k-1}s_{j}^{k-1}}\right] = \left[\sqrt{r_{i}^{k-1}}\,c_{ij}^{k-1}\sqrt{s_{j}^{k-1}}\right]
$$

上の式を使って平均増加倍率法（乗法）のイタレーションを定式化する。平均増加倍率法（加法）の場合と同様に，平均増加倍率法（乗法）で与えられるのは基準年次の中間取引と対象年次の中間需要計と中間投入計で，それらの記号も同じであるとする。このとき，平均増加倍率法（加法）と同様に，初期値の行修正係数と列修正係数は下のようになる。

$$
r^{0} = [r_{i}^{0}] = [w_{i}/\Sigma_{j=1}^{n}c_{ij}^{0}]
$$

$$
s^{0} = [s_{j}^{0}] = [z_{j}/\Sigma_{i=1}^{n}c_{ij}^{0}]
$$

96

第1ステップは次のようになる。

（第1ステップ）
$$C^1 = \sqrt{\widehat{r^0}}\, C^0 \sqrt{\widehat{s^0}}$$

ここで$\sqrt{\widehat{r^0}}$と$\sqrt{\widehat{s^0}}$は，それぞれ，行修正係数と列修正係数の初期値の平方根である。

この操作後は，一般的に行方向および列方向のいずれについてもバランスはとれていないため，同じ操作を繰り返す必要がある。一般的に第kステップは以下のようになる。

（第kステップ）
$$C^k = \sqrt{\widehat{r^{k-1}}}\, C^{k-1} \sqrt{\widehat{s^{k-1}}}$$

ここで，左辺は第kステップの結果であり，右辺の各行列は，それぞれ以下を意味する。

C^{k-1}： $k-1$回目のイタレーションの結果

$\sqrt{\widehat{r^{k-1}}}$： $k-1$回目のイタレーション後の行修正係数の平方根からなる対角行列

$\sqrt{\widehat{s^{k-1}}}$： $k-1$回目のイタレーション後の列修正係数の平方根からなる対角行列

もし，p回目のイタレーション後の行修正係数と列修正係数が十分1に近くなれば，イタレーションは収束したとして，

$$\begin{bmatrix} c^p_{11} & c^p_{12} & \cdots & c^p_{1n} \\ c^p_{21} & c^p_{22} & \cdots & c^p_{2n} \\ \vdots & \vdots & \ddots & \vdots \\ c^p_{n1} & c^p_{n2} & \cdots & c^p_{nn} \end{bmatrix}$$

が対象年次の中間取引の推計値となる。

平均増加倍率法（加法）の場合と異なり，乗法の場合には，RAS法のとき

に得られた$\hat{r}$と$\hat{s}$に対応するものが得られる。ただし，RAS法のそれらと比較すると，平均増加倍率法（乗法）の場合は過大に評価されるので注意が必要である。その理由は，RAS法と平均増加倍率法ではイタレーションの初期値が異なるからである。RAS法の初期値の各列は平均増加倍率法の初期値の各列にX_j/X_j^0が乗じられたものになっている。

また，この方法についても，RAS法と平均増加倍率法（加法）の場合と同様，必ずしも収束するとは限らない。

4. フレーター法に関するコメント

金子（1977）では，「フレーター法」が平均増加倍率法（加法）に似た方法として紹介されている。それはフレーター法が基準年次の中間取引から投入係数を経由せず，直接対象年次の中間取引を推計している点を指していることから，そのように述べていると思われる。しかし，フレーター法の式をよくみると，それはRAS法の列方向の調整から始めたものと同じであることがわかる。

フレーター法では平均増加倍率法と同じく，基準年次の中間取引，対象年次の中間投入計と中間需要計が与えられて，対象年次の中間取引が推計される。

金子（1977）によると，フレーター法の第k回のイタレーション式は次のようになっている（記号の一部は，金子 1977のものとは異なっている）。

$$c_{ij}^k = c_{ij}^{k-1} \cdot \frac{w_i}{w_i^{k-1}} \cdot \frac{z_j}{z_j^{k-1}} \cdot \frac{\sum_j c_{ij}^{k-1}}{\sum_j \left(\frac{z_j}{z_j^{k-1}}\right) c_{ij}^{k-1}}$$

ただし，左辺はk回目のイタレーション後の中間取引行列のi-j成分，右辺のc_{ij}^{k-1} $(i, j = 1, 2, \cdots, n)$は$k-1$回目のイタレーション結果，w_i $(i = 1, 2, \cdots, n)$は対象年次の中間需要計，w_i^{k-1}は$k-1$回目のイタレーション後の中間取引行列の行計，z_j $(j = 1, 2, \cdots, n)$は対象年次の中間投入計，z_j^{k-1} $(j = 1, 2,$

$\cdots, n$)は $k-1$回目のイタレーション後の中間取引行列の列和である。

この右辺を書き換えると次のようになる。

$$c_{ij}^k = c_{ij}^{k-1} \cdot \frac{w_i}{\sum_j \left(\dfrac{z_j}{z_j^{k-1}}\right) c_{ij}^{k-1}} \cdot \frac{z_j}{z_j^{k-1}} \cdot \frac{\sum_j c_{ij}^{k-1}}{w_i^{k-1}} = c_{ij}^{k-1} \cdot \frac{z_j}{z_j^{k-1}} \cdot \frac{w_i}{\sum_j \left(\dfrac{z_j}{z_j^{k-1}}\right) c_{ij}^{k-1}}$$

上の最後の式は，第1因子と第2因子が $k-1$回目の RAS 法の列方向の調整を意味しており，第3因子がその結果を受けた行方向への調整を意味している。したがって，フレーター法は RAS 法の列方向の調整，次いで行方向の調整をひとつの式の中で実行しているものである。ただ，アルゴリズムからみると，その効率は RAS 法もフレーター法もまったく同じである。

また，経験的には RAS 法が収束した場合，行方向，列方向のいずれから調整を始めても同じ結果が得られる。理論的な証明はできていないが，双方の収束条件をより厳しくして2種類の RAS 法を適用するとより近い結果が得られることから，ふたつの方法が同一である可能性は高いと考える。

5．ラグランジュ未定係数法

ここまで述べてきた方法は，すべて基準年次の中間取引の構造から始めて，対象年次の中間需要計と中間投入計に一致するような対象年次の中間取引をイタレーションで探り当てるという方法である。それに対して，ラグランジュ未定係数法も基準年次の中間取引の構造が与えられ，対象年次の中間需要計と中間投入計に一致するような対象年次の中間取引を推計する方法であるが，イタレーションは行わず，一気に数学的なある種の最適解を求めるものである。途中の解を導き出す計算式は省略して，その定式化と解を得る公式を金子（1977）から引用する。ただし，ノーテーションは一部異なる。

与えられるのは，以下の値である。

$A^0 = [a_{ij}^0]$：　　　　　　　　基準年次の投入係数

$X = [X_j]$：　　　　　　　　　対象年次の総産出

$d = [d_j]$: 対象年次の投入係数の中間投入計

$w = [w_i]$: 対象年次の中間需要計

そこで，下に述べるような自然な制約条件をみたし，基準年次の投入係数に最も近くなるような対象年次の投入係数

$$A = \begin{bmatrix} a_{11} & a_{12} & \cdots & a_{1n} \\ a_{21} & a_{22} & \cdots & a_{2n} \\ \vdots & \vdots & \ddots & \vdots \\ a_{n1} & a_{n2} & \cdots & a_{nn} \end{bmatrix}$$

を推計するのがラグランジュ未定係数法である。

制約条件は今までとほぼ同様であるが，中間需要側は取引額，中間投入側は投入係数で次のように与えられている。

$AX = w$　および

$\Sigma_{i=1}^{n} a_{ij} = d_j \ (j = 1, 2, \cdots, n)$

また，基準年の投入係数に最も近い投入係数は，目的関数として，次のように記述される。

$\Sigma_{i=1}^{n} \Sigma_{j=1}^{n} (a_{ij} - a_{ij}^0)^2 \ \rightarrow \min.$

これをラグランジュの未定係数法で解くと，対象年次の投入係数行列は成分表記で次のようになる。

$$a_{ij} = a_{ij}^0 + \frac{1}{n} (d_j - \Sigma_{i=1}^{n} a_{ij}^0) + \frac{X_j}{\Sigma_{j=1}^{n} X_j^2} (w_i - \Sigma_{j=1}^{n} a_{ij}^0 X_j)$$

$$- \frac{X_j}{n \Sigma_{j=1}^{n} X_j^2} (\Sigma_{j=1}^{n} (d_j - \Sigma_{i=1}^{n} a_{ij}^0) X_j)$$

6．各延長推計方法のパフォーマンス比較

ここでは，今までに取り上げた中間取引部分の延長推計方法である RAS 法，平均増加倍率法（加法），平均増加倍率法（乗法）およびラグランジュ未定係数法のパフォーマンスを，実際のデータを用いて比較する。RAS 法に

ついては，列方向から調整を始める場合と行方向から始める場合とでは経験的に同じ結果が得られるため，今回はやや計算の楽な列方向から調整を始めることとした。また，フレーター法については，RAS法と同じ結果が得られるため，ここでは省略する。また，次で取り上げるさまざまな延長推計方法と修正RAS法についても省略する。

ここで使用するデータは，2000年および2005年のアジア表（7部門）から，台湾とインドネシア部分の国内中間取引，国内中間投入計，国内中間需要計および国内生産額を抽出したものである（IDE-JETRO 2006; 2013）。

2000年の台湾表とインドネシア表の国内中間取引に各延長推計方法を別々に適用して，2005年の国内中間取引を延長推計し，そのパフォーマンスを比較した。したがって，2000年が基準年次，2005年が対象年次となる。

RAS法については，2000年の国内投入係数，2005年の国内生産額，国内中間投入計および国内中間需要計を与えて，2005年の国内中間取引を延長推計した。また，平均増加倍率法（加法および乗法）については，2000年の国内中間取引，2005年の国内中間需要計および国内中間投入計を与えて，2005年の国内中間取引を延長推計した。さらに，ラグランジュ未定係数法については，2000年の国内投入係数，2005年の国内中間投入係数計，国内中間需要計および国内生額を与えて，2005年の国内投入係数を延長推計した。

パフォーマンス比較のため，実際に実現された台湾とインドネシアの2005年の国内投入係数と延長推計で得られた2005年の国内投入係数を相互に比較している（RAS法および平均増加倍率表（加法，乗法）で得られた結果も，比較のために投入係数に変換している）。

なお，RAS法と平均増加倍率法（加法，乗法）の収束条件は0.001とした。より正確には，2005年の国内中間投入計と国内中間需要計を，それぞれ $[z_1 \ z_2 \ \cdots \ z_n]$ および $[w_1 \ w_2 \ \cdots \ w_n]$ とし，p回目のイタレーション結果の中間投入計と中間需要計をそれぞれ $[z_1^p \ z_2^p \ \cdots \ z_n^p]$ および $[w_1^p \ w_2^p \ \cdots \ w_n^p]'$ としたとき，次の条件が充たされればイタレーションを終了し，収束したとみなした。

$$\sqrt{\frac{\Sigma_{j=1}^{n}\left(\frac{z_j}{z_j^p}-1\right)^2}{n}}<0.001 \quad \text{かつ} \quad \sqrt{\frac{\Sigma_{i=1}^{n}\left(\frac{w_j}{w_j^p}-1\right)^2}{n}}<0.001$$

　表 3-1と表 3-2は，それぞれ台湾とインドネシアの延長推計の結果を示している。いずれの表についても，左上に2005年の実際の国内投入係数（実現値）を掲載しており，続いて4種類の延長推計の結果を掲載している。また，RAS法と平均増加倍率法（加法，乗法）に関しては，収束に要したイタレーション回数も表示した。一番下には実現値および他の延長推計値の間の乖離を，①類似度と② STPE（Standardized Total Percentage Error）のふたつの指標により計測した結果を掲載している。ふたつの指標の定義は以下のとおりである。

　ふたつの投入係数行列

$$\begin{bmatrix} a_{11}^r & a_{12}^r & \cdots & a_{1n}^r \\ a_{21}^r & a_{22}^r & \cdots & a_{2n}^r \\ \vdots & \vdots & \ddots & \vdots \\ a_{n1}^r & a_{n2}^r & \cdots & a_{nn}^r \end{bmatrix} \quad \text{および} \quad \begin{bmatrix} a_{11}^s & a_{12}^s & \cdots & a_{1n}^s \\ a_{21}^s & a_{22}^s & \cdots & a_{2n}^s \\ \vdots & \vdots & \ddots & \vdots \\ a_{n1}^s & a_{n2}^s & \cdots & a_{nn}^s \end{bmatrix}$$

の類似度およびSTPE は次式により定義される。

$$\sqrt{\frac{\Sigma_{i=1}^{n}\Sigma_{j=1}^{n}\left(a_{ij}^r-a_{ij}^s\right)^2}{n^2}} \quad \cdots \quad \text{類似度}$$

$$\frac{\Sigma_{i=1}^{n}\Sigma_{j=1}^{n}|a_{ij}^r-a_{ij}^s|}{\Sigma_{i=1}^{n}\Sigma_{j=1}^{n}a_{ij}^s}\cdot 100 \quad \cdots \quad \text{STPE}$$

いずれの指標についても，値がゼロに近いほどふたつの行列は類似していることを意味する。なお，STPE の行列は厳密には対称ではないが，現実には非常に対称行列に近いため左下半分のみを掲げた。また，今回の実験においては，このふたつの尺度は非常に高い相関を有しており，どちらか一方を参照すれば十分である。

　表 3-1および表 3-2から，以下の諸点を読み取ることができる。

表 3-1 延長推計法結果比較（台湾）

2005年の実現値

	1	2	3	4	5	6	7
1	0.067	0.000	0.013	0.000	0.001	0.000	0.000
2	0.000	0.011	0.004	0.013	0.043	0.000	0.000
3	0.179	0.139	0.292	0.119	0.437	0.071	0.051
4	0.008	0.029	0.017	0.077	0.003	0.012	0.010
5	0.001	0.007	0.002	0.018	0.001	0.004	0.013
6	0.044	0.021	0.044	0.009	0.095	0.015	0.013
7	0.126	0.022	0.071	0.040	0.057	0.189	0.162

RAS法（列方向から調整開始：4回のイタレーション）

	1	2	3	4	5	6	7
1	0.057	0.000	0.013	0.000	0.001	0.000	0.000
2	0.000	0.014	0.005	0.004	0.036	0.000	0.000
3	0.203	0.147	0.280	0.052	0.411	0.077	0.072
4	0.004	0.016	0.017	0.136	0.003	0.007	0.008
5	0.001	0.004	0.001	0.009	0.001	0.003	0.015
6	0.020	0.018	0.044	0.007	0.071	0.032	0.012
7	0.140	0.030	0.082	0.068	0.113	0.172	0.142

平均増加倍率表（加法：15回のイタレーション）

	1	2	3	4	5	6	7
1	0.056	0.000	0.013	0.000	0.001	0.000	0.000
2	0.000	0.014	0.005	0.005	0.036	0.000	0.000
3	0.204	0.147	0.280	0.063	0.411	0.077	0.072
4	0.004	0.017	0.019	0.103	0.004	0.006	0.008
5	0.001	0.004	0.001	0.017	0.001	0.003	0.015
6	0.020	0.018	0.044	0.010	0.072	0.032	0.012
7	0.141	0.030	0.082	0.079	0.113	0.172	0.142

平均増加倍率法（乗法：14回のイタレーション）

	1	2	3	4	5	6	7
1	0.057	0.000	0.013	0.000	0.001	0.000	0.000
2	0.000	0.014	0.005	0.004	0.036	0.000	0.000
3	0.203	0.147	0.280	0.052	0.411	0.077	0.071
4	0.004	0.016	0.017	0.136	0.003	0.007	0.008
5	0.001	0.004	0.001	0.009	0.001	0.003	0.015
6	0.020	0.018	0.044	0.007	0.071	0.032	0.012
7	0.140	0.030	0.082	0.068	0.114	0.173	0.142

ラグランジュ法

	1	2	3	4	5	6	7
1	0.094	-0.002	0.010	0.035	0.008	0.006	-0.002
2	-0.012	0.012	0.000	0.036	0.038	0.008	0.003
3	0.206	0.148	0.290	0.042	0.371	0.069	0.065
4	-0.010	0.006	0.016	0.043	0.010	0.014	0.014
5	-0.010	0.013	-0.016	0.039	0.008	0.012	0.034
6	0.016	0.023	0.043	0.036	0.092	0.037	0.006
7	0.140	0.029	0.099	0.044	0.110	0.144	0.128

類似度

	実現値	RAS法	平均加	平均乗
RAS法	0.0187			
平均加	0.0166	0.0053		
平均乗	0.0187	0.0001	0.0053	
ラグランジュ法	0.0234	0.0202	0.0178	0.0202

STPE

	実現値	RAS法	平均加	平均乗
RAS法	20.5			
平均加	18.9	3.0		
平均乗	20.5	0.1	3.0	
ラグランジュ法	31.1	24.8	24.0	24.8

（出所）　筆者作成。

（注）　平均加：平均増加倍率法（加法），平均乗：平均増加倍率法（乗法）

第3章　各国産業連関表の延長推計の方法　103

表 3-2　延長推計法結果比較（インドネシア）

2005年の実現値

	1	2	3	4	5	6	7
1	0.101	0.000	0.094	0.000	0.016	0.000	0.040
2	0.000	0.133	0.040	0.141	0.053	0.000	0.001
3	0.089	0.034	0.206	0.236	0.296	0.151	0.128
4	0.001	0.001	0.012	0.152	0.000	0.016	0.008
5	0.008	0.009	0.001	0.010	0.001	0.017	0.022
6	0.034	0.013	0.071	0.046	0.099	0.063	0.053
7	0.015	0.010	0.035	0.030	0.057	0.121	0.104

RAS法（列方向から調整開始：6回のイタレーション）

	1	2	3	4	5	6	7
1	0.067	0.000	0.107	0.000	0.019	0.001	0.029
2	0.000	0.142	0.032	0.364	0.042	0.000	0.001
3	0.111	0.023	0.205	0.075	0.309	0.131	0.145
4	0.000	0.000	0.012	0.112	0.001	0.019	0.009
5	0.010	0.012	0.001	0.012	0.001	0.018	0.020
6	0.028	0.008	0.078	0.026	0.086	0.049	0.063
7	0.031	0.013	0.025	0.025	0.065	0.150	0.090

平均増加倍率表（加法：19回のイタレーション）

	1	2	3	4	5	6	7
1	0.067	0.000	0.107	0.000	0.019	0.001	0.029
2	0.000	0.142	0.032	0.370	0.043	0.000	0.001
3	0.111	0.023	0.207	0.073	0.306	0.130	0.144
4	0.000	0.000	0.012	0.109	0.001	0.019	0.009
5	0.010	0.012	0.001	0.012	0.001	0.018	0.020
6	0.028	0.008	0.077	0.027	0.088	0.050	0.063
7	0.031	0.013	0.025	0.024	0.065	0.150	0.090

平均増加倍率法（乗法：19回のイタレーション）

	1	2	3	4	5	6	7
1	0.067	0.000	0.107	0.000	0.019	0.001	0.029
2	0.000	0.142	0.032	0.364	0.042	0.000	0.001
3	0.111	0.023	0.205	0.075	0.309	0.131	0.145
4	0.000	0.000	0.012	0.112	0.001	0.019	0.009
5	0.010	0.012	0.001	0.012	0.001	0.018	0.020
6	0.028	0.008	0.078	0.026	0.086	0.049	0.063
7	0.031	0.013	0.025	0.025	0.065	0.150	0.090

ラグランジュ法

	1	2	3	4	5	6	7
1	0.067	0.000	0.106	−0.006	0.022	0.003	0.029
2	−0.001	0.148	0.027	0.457	0.059	−0.002	−0.007
3	0.102	0.026	0.223	0.050	0.262	0.126	0.145
4	0.004	0.002	0.009	0.072	0.007	0.021	0.011
5	0.012	0.010	−0.002	0.004	0.006	0.021	0.020
6	0.030	0.002	0.071	0.022	0.102	0.054	0.066
7	0.033	0.012	0.026	0.016	0.066	0.146	0.091

類似度

	実現値	RAS法	平均加	平均乗
RAS法	0.0411			
平均加	0.0420	0.0012		
平均乗	0.0412	0.0001	0.0012	
ラグランジュ法	0.0550	0.0173	0.0161	0.0173

STPE

	実現値	RAS法	平均加	平均乗
RAS法	28.0			
平均加	28.1	0.9		
平均乗	28.0	0.0	0.9	
ラグランジュ法	36.7	14.3	13.5	14.2

（出所）　筆者作成。

（注）　平均加：平均増加倍率法（加法），平均乗：平均増加倍率法（乗法）

① 実現値に最も近い延長推計値が得られるのは，台湾表の場合には平均増加倍率法（加法）であり，次いで RAS 法と平均増加倍率法（乗法）が近い値をとる。また，インドネシア表では，RAS 法と平均増加倍率法（乗法）による推計結果が実現値に最も近く，平均増加倍率法（加法）の推計結果がつぎに近い結果となっている。いずれの場合も，実現値に最も近い表を推計するのはイタレーションによる RAS 法，平均増加倍率法（加法），平均増加倍率法（乗法）で，この3者による推計結果と実現値との類似度はほぼ等しい。台湾表とインドネシア表のいずれの場合も，ラグランジュ未定係数法による推計値が実現値より最も乖離が大きいことがわかる。

② 台湾表およびインドネシア表のいずれについても，イタレーションによる3つの方法（RAS 法，平均増加倍率法（加法と乗法））により延長推計された投入係数をみると，互いに非常に似ていることがわかる。とくに，RAS 法と平均増加倍率法（乗法）の延長推計結果は極めて近い。インドネシア表の場合は，少数点以下3桁の投入係数が完全に一致している（表 3-2）。台湾表の場合は，異なっているのは4カ所のみである。

③ イタレーションによる3つの推計方法の推計精度は，すべてほぼ同じとみなしてもよいかも知れないが，大きなちがいは収束速度である。台湾表でもインドネシア表でも RAS 法の収束速度が圧倒的に速い。平均増加倍率法の収束速度は加法と乗法ともほぼ同じである。以前は産業連関表の延長推計は大型コンピュータで行われるのが普通であったため，収束速度はさほど問題にならなかったが，最近ではパーソナル・コンピュータの発達により，表計算ソフトでも延長推計作業が可能になってきたため，延長推計法による収束速度の差は大きな意味をもち，RAS 法が最も有利となろう。

④ イタレーションによる3つの推計方法とも台湾表の方がインドネシア表より早く収束している。これは2000年から2005年への投入構造の変化がインドネシア表の方が台湾表より大きかったためである。現実の2000

年から2005年の投入係数の変化を類似度で測ってみると，インドネシア
表の類似度の方が台湾表のそれより大きくなっている（変化が大きい）。

⑤　最も実現値から遠いのはラグランジュ未定係数法による延長推計結果
であることは上で指摘したとおりであるが，ラグランジュ未定係数法の
推計結果は，他の方法による推計結果とも比較的大きく異なっている。
これは類似度および STPE からも確認できる。

⑥　ラグランジュ未定係数法には投入側と産出側の双方のバランスがとれ
た結果が得られるという大きな特徴がある。しかし，負の投入係数が得
られるという問題点も残る。

　総合的にみると，延長推計の方法としては RAS 法が最も優れているよう
に思われる。また，ラグランジュ未定係数法では完全にバランスのとれた結
果が得られることから，延長推計の最後の段階の表の微調整のために使用で
きると思われる。現実に日本表の延長推計では最後の調整を，ここでの目的
関数とは少し異なるが，ラグランジュ未定係数法によって行っている（経産
省 2013では単に「未定乗数法」と呼んでいる）。

7．その他の延長推計方法と修正 RAS 法

⑴　その他の延長推計の方法

　中間取引の延長推計手法はこれまでに述べてきたものだけではなく，その
他にも数多くの方法が提案されている。たとえば，Lecomber（1975）では，
RAS 法の類型として，5つの方法（RAS 法も含む）が紹介されている。以下
では，これらの方法について簡単に説明する。用いられる記号は本節で使用
してきたものと同様であり，C は中間取引の行列，w は中間需要計のベクト
ル，z は中間投入計のベクトルである。また，添え字の使用方法も同じであ
る。ただし，i はすべての成分が1のベクトルであり，行列の行和と列和を
計算するためのものである。

ここで紹介する手法は，いずれも下のように対象年次の産業連関表の行合計と列合計に関する制約をみたすのは当然であるが，基準年次と対象年次の産業連関表に関し，異なる目的関数の最小化を行うものとして定義される。

行合計の制約： $w = Ci$

（延長推計された中間取引行列の行和＝与えられた対象年次の中間需要計）

列合計の制約： $z = iC$

（延長推計された中間取引行列の列和＝与えられた対象年次の中間投入計）

① Almon の方法

上の対象年次の行合計と列合計の制約をみたし，次の目的関数を最小化するような対象年次の中間取引行列を求めるのが Almon の方法である。

目的関数： $\sum_{i=1}^{n}\sum_{j=1}^{n}(c_{ij} - c_{ij}^{0})^{2}$ → min.

この解は連立方程式からも得られるが，次のイタレーションによっても得られる。解の意味はイタレーションの方がわかりやすいであろう。k 回目のイタレーション（第 k ステップ）は次のようになる。なお，この中で H はすべての成分が1の n 次正方行列である。

（第 k ステップの前半）

$$r^{k-1} = w - C^{k-1}i$$

$$\dot{C}^{k-1} = C^{k-1} + \frac{1}{n}\widehat{r^{k-1}}H$$

（第 k ステップの後半）

$$s^{k-1} = z - i\dot{C}^{k-1}$$

$$C^{k} = \dot{C}^{k-1} + \frac{1}{n}H\widehat{s^{k-1}}$$

このイタレーションでは，中間取引行列の行（列）合計と対象年次の中間

需要計（中間投入計）の差が等しく配分されて，調整が進められることを意味している。

② Friedlander の方法

　冒頭の対象年次の行合計と列合計の制約をみたし，次の目的関数を最小化するのが Friedlander の方法である。

目的関数： $\sum_{i=1}^{n}\sum_{j=1}^{n}\dfrac{(c_{ij}-c_{ij}^{0})^{2}}{c_{ij}^{0}} \rightarrow$ min.

　この解は連立方程式から得られるが，イタレーションからも得ることができる。k 回目のイタレーション（第 k ステップ）は次のようになる。

（第 k ステップの前半）
$$r^{k-1}=w-C^{k-1}i$$
$$\dot{C}^{k-1}=C^{k-1}+\widehat{r^{k-1}} \ \widehat{(C^{0}i)}^{-1}C^{0}$$

（第 k ステップの後半）
$$\mathrm{s}^{k-1}=z-i\dot{C}^{k-1}$$
$$C^{k-1}=\dot{C}^{k-1}+C^{0} \ \widehat{(iC^{0})}^{-1}\widehat{s^{k-1}}$$

　このイタレーションでは，対象年次の中間需要計（中間投入計）とイタレーション中の中間取引行列の行（列）合計との差が基準年次の中間取引行列の行（列）構成比で配分されながら，調整が進められることを意味している。

③ Matuszewski 等の方法

　冒頭の対象年次の行合計と列合計の制約をみたし，次の目的関数を最小化するのが Matuszewski の方法である。

目的関数： $\sum_{i=1}^{n}\sum_{j=1}^{n}\dfrac{|c_{ij}-c_{ij}^{0}|}{c_{ij}^{0}} \rightarrow$ min.

これは線形計画法により解かれるが,「計算は重い」(Computationally heavy)(Lecomber 1975, 3)[1]。

④ RAS 法

RAS 法そのものは,冒頭の対象年次の行合計と列合計の制約をみたし,次の目的関数を最小化するものである。

目的関数: $\sum_{i=1}^{n}\sum_{j=1}^{n}\left(c_{ij}\log\dfrac{c_{ij}}{c_{ij}^0}\right)$ → min.

⑤ Theil の方法

Theil により提案された方法は,冒頭の対象年次の行合計と列合計の制約をみたし,次の目的関数を最小化するものである。

最小化基準: $\sum_{i=1}^{n}\sum_{j=1}^{n}\left(c_{ij}^0\log\dfrac{c_{ij}^0}{c_{ij}}\right)$ → min.

この計算方法は「手に負えない(Intractable)」(Lecomber 1975, 3)とされているが,Theil 自身は Friedlander の方法による近似を示唆している。

Allen and Lecomber (1975) では,上に挙げた RAS 法以外の方法は,延長推計された中間取引行列の各成分の符号が,対応する基準年次の中間取引行列の成分の符号と必ずしも一致しないという問題点があり,符号が一致する RAS 法に優位性があることが指摘されている。

(2) 修正 RAS 法

対象年次の中間取引行列のある成分が確定できる場合や,ある程度の確度をもって推定できる場合に,それらの情報を利用して延長推計を行う RAS 法を修正した方法が,Allen and Lecomber (1975) に紹介されている。そこではさらに,対象年次の中間需要計あるいは中間投入計がある程度の誤差を含んで推計されている場合の扱いについても紹介されている。ここでは,参

考のため，これらの方法を簡単に紹介する。

　対象年次の中間取引行列で，外生的に得られた確定値とある程度の精度を
もった値を集めた行列を F とする。

$$F = [f_{ij}] = \begin{bmatrix} f_{11} & f_{12} & \cdots & f_{1n} \\ f_{21} & f_{22} & \cdots & f_{2n} \\ \vdots & \vdots & \ddots & \vdots \\ f_{n1} & f_{n2} & \cdots & f_{nn} \end{bmatrix}$$

　ここで，$f_{ij} \neq 0$ のとき，f_{ij} は対象年次の確定値かある程度の確度をもった値
である。

　つぎに，行列 E を次のように定義する。

$$E = [e_{ij}] = \begin{bmatrix} e_{11} & e_{12} & \cdots & e_{1n} \\ e_{21} & e_{22} & \cdots & e_{2n} \\ \vdots & \vdots & \ddots & \vdots \\ e_{n1} & e_{n2} & \cdots & e_{nn} \end{bmatrix}$$

　ただし，
　　① $f_{ij} = 0$ のとき，$e_{ij} = c_{ij}^0$
　　② f_{ij} が対象年次における確定値であったとき，$e_{ij} = 0$
　　③ f_{ij} が対象年次におけるある程度の確度をもった推計値のとき，$e_{ij} =$
　　　相対的確度（0 に近いほど確度は高い）
である。

　① 対象年次の行合計と列合計が確定値である場合
　㈠行列 E に RAS 法を適用する。このときの行合計は $w - Fi$ で，列合計は
　　$z - iF$ になるように RAS 法での調整が行われる。ここで得られた結果を
　　G とする。
　㈡結果の対象年次の中間取引行列は $F + G$ となり，その行合計は w，列合
　　計は z である。

② 対象年次の行合計と列合計が誤差を含む推計値の場合

行合計の誤差項のベクトルを e_w，列合計の誤差項のベクトルを e_z とする。

(ア)行列 E に誤差項のベクトルを付加した次のような $n+1$ 次正方行列を作成し，これに RAS 法を適用する。

$$E_A = \begin{bmatrix} E & e_w \\ e_z & 0 \end{bmatrix}$$

ここで，E_A の行合計と列合計は $n+1$ 次元ベクトルで，それぞれ以下のようになるように，RAS 法により調整がなされる。

行合計： $\begin{bmatrix} w+e_w \\ \Sigma e_z \end{bmatrix}$

列合計： $\begin{bmatrix} z+e_z & \Sigma e_w \end{bmatrix}$

その結果を

$$G_A = \begin{bmatrix} G & g_w \\ g_z & 0 \end{bmatrix}$$

とする。

(イ)結果の対象年次の中間取引行列は G であり，行合計と列合計は，それぞれ $w+e_w-g_w$ と $z+e_z-g_z$ となる。

修正 RAS 法のすべての機能を使用しないまでも，対象年次の中間取引に関し，いくつかの確定値（あるいは非常に確度の高い値）が得られた場合，それらの値をゼロとおき，残りの値に RAS 法を適用し，RAS 法が収束した後にその確定値（と非常に確度の高い値）を元に戻すというやり方は多く行われる方法である（たとえば横橋 2005）。

第3節　拡張 RAS 法

本節では，実際の一国産業連関表の延長推計手法の例として，アジ研で採用されてきた「拡張 RAS 法」を紹介する。それは RAS 法を基礎にしたもので，コンピュータ・プログラム「拡張 RAS 法」の中に具現化されている。そこで，そのプログラムの機能を中心に紹介することとする[2]。

1. 機能の概要

このプログラムは，基準年次の産業連関表の情報と対象年次のコントロール・トータル（固定値）等が与えられて，対象年次の産業連関表を推計するものである。ここでいうコントロール・トータルとは，前の節でみた対象年次の中間投入計や中間需要計のように，表全体がこのコントロール・トータルに整合的になるように調整される最も基本的な情報である。

このプログラムでは，コントロール・トータルとして対象年次の部門別国内生産額（＝総投入＝総産出），項目別国内最終需要合計，項目別付加価値合計などが与えられ，その他の部分は基準年次のものが与えられる。調整方法としては，RAS 法によるイタレーションにより，コントロール・トータル以外の列方向の合計が与えられた列のコントロール・トータルに，またコントロール・トータル以外の行方向の合計が行のコントロール・トータルに，それぞれ一致するように調整される。

これが「拡張」RAS 法と呼ばれるのは，①RAS 法のアルゴリズムを使用していること，②中間取引部分のみならず，いわゆる外生部分（付加価値，最終需要など）を含めて調整の対象になっていること，③産業連関表中の特定のセルの値を固定できること，④産業連関表中の特定部分の合計値を固定できることによる。

③と④で固定される値は，毎回の RAS 法によるイタレーション（列方向へ

112

の調整と行方向への調整）終了後にセットし直される。

表 3-3　産業連関表のフレームワーク

（投入側）			（産出側）		
行部門コード	名　　称		列部門コード	名　　称	
1001 ： 1nnn	国産品中間投入		1001 ： 1nnn	中間需要	
1900	国産品中間投入計		1900	中間需要計	
2001 ： 2nnn	輸入品中間投入				
2900	輸入品中間投入計				
2901	関税・輸入品商品税				
3001 ： 3nva	付加価値		4001 ： 4nfd	国内最終需要	
3900	付加価値計		4900	国内最終需要計	
			5001	輸出	
			5002	輸入	
6000	CT		6000	CT	
7000	計算による合計		7000	計算による合計	
8000	誤差		8000	誤差	

（出所）　佐野（2011）の別表 1 を修正して作成。
（注）　nnn：内生部門数（3 桁の数字。例：180）
　　　　nva：付加価値項目数（3 桁の数字。例：004）
　　　　nfd：国内最終需要項目数（3 桁の数字。例：005）
　　　　CT（＝コントロール・トータル）
　　　　　行部門：部門別国内生産額，項目別国内最終需要計，輸出計，輸入計
　　　　　列部門：部門別国内生産額，部門別輸入計，関税・輸入品商品税計，項目別
　　　　　付加価値計
　　　　非競争輸入型表の場合：
　　　　　・5002列は全てゼロになる。
　　　　　・輸入に関税・輸入品商品税が含まれていない場合に2901行に計上する。
　　　　競争輸入型表の場合：
　　　　　・行部門1001～1 nnn，1900行は輸入を含む。
　　　　　・行部門2001～2 nnn，2900行は全てゼロになる。
　　　　　・5002列に輸入が控除項目（マイナス値）として入る。

第3章　各国産業連関表の延長推計の方法　113

2．産業連関表のフレームワーク

　このプログラムが扱う産業連関表のフレームワークは表 3-3のとおりである。基本的には非競争輸入型を想定しているが，競争輸入型の産業連関表も扱うことができるように柔軟性をもたせている。また，行部門にも列部門にも4桁のコードが与えられている。

　まず，非競争輸入型表を想定して投入側からみていくと，行部門コードの1001〜1nnn（nnn：3桁の内生部門数，例：180）が国産品中間投入であり，1900が国産品中間投入計である。続いて2001〜2nnn が輸入品中間投入であり，2900が輸入品中間投入計である。その下にある2901には，2001〜2nnn，2900で示す輸入額に関税・輸入品商品税が含まれている場合はゼロが入り，含まれていない場合には，ここに関税・輸入品商品税を計上する。これは，後にこの表が国際産業連関表に組み込まれる場合を想定したものである。

　続く3001〜3nva（nva：3桁の付加価値項目数，例：004）は付加価値であり，多くの場合3001：雇用者報酬，3002：営業余剰，3003：資本減耗引当，3004：間接税（控除. 補助金）の4項目から構成される。3900は付加価値計である。

　表の最後はコントロール・トータルに関する項目である。6000はコントロール・トータルそのものであり，部門別総投入，項目別国内最終需要計，輸出計，輸入計（競争輸入型表の場合）が入る。7000は表から計算された合計で部門1001〜1nnn，部門2001〜2nnn，部門2901，部門3001〜3nva の合計である。最後の8000は誤差で，部門7000から部門6000を引いた値である。

　産出（需要）側をみると，1001〜1nnn は中間需要であり，1900が中間需要計である。また，4001〜4nfd（nfd：3桁の国内最終需要項目数，例：004）は国内最終需要であり，多くの場合，4001：民間消費支出，4002：政府消費支出，4003：総固定資本形成，4004：在庫純増の4項目により構成される。5001は輸出で，5002は競争輸入型表の場合には輸入（マイナスで与える）で

ある。ただし，非競争輸入型表の場合は5002の列はゼロになる。

6000以降は，投入側で述べたコードと同じであり，6000がコントロール・トータルで部門別総産出，部門別輸入計，関税・輸入品商品税計および項目別付加価値計からなる。また7000は計算による合計で，部門1001～1nnn，部門4001～4nfd，部門5001，部門5002を足し上げたものである。最後の8000は部門7000から部門6000を引いたもので，足し上げによる合計とコントロール・トータルとの差，いわゆる誤差である。

競争輸入型表の場合は，行部門コード，1001～1nnn，1900に国産品も輸入品も足し上げられ，列部門コード5002に部門別の輸入額がマイナスで入る。当然，行部門2001～2nnn，2900はゼロである。また，行部門2901もゼロになる。

3．入力ファイル

入力ファイルとして与えるのは，①基準年次の構造（基準年次の産業連関表），②対象年次のコントロール・トータル，③拡張RAS法によって固定されるセルとその固定値および固定されるセルの集合とその固定値，④RAS法の制御情報等である。

(1) 基準年次の産業連関表

基準年次のコントロール・トータルを除くすべてのセルの値をこのファイルで与える。つまり，次の範囲の情報である。

　　行：　1001～1nnn，2001～2nnn，2901，3001～3nva

　　列：　1001～1nnn，4001～4nfd，5001，5002

ただし，合計項目（行：1900，2900，3900，列：1900，4900）は，プログラム内で自動的に計算し直されるため，外生的に与えても無視される。

このファイルは固定長で，レコード項目は，①行部門コード，②列部門コード，③金額である。ただし，金額がゼロの場合はそのレコードを与える

必要はない。

(2) 対象年次のコントロール・トータル

対象年次のコントロール・トータルとして与える必要があるのは以下の情報である。ただし，（ ）内のカンマの左は行部門コード，右は列部門コードである。

- ・ 内生部門別総投入（6000, 1001～1nnn）
- ・ 内生部門別総産出（1001～1nnn, 6000）
- ・ 項目別付加価値計（3001～3nva, 6000）
- ・ 項目別国内最終需要計（6000, 4001～4nfd）
- ・ 行部門別輸入計［非競争輸入型表の場合］（2001～2nnn, 6000）
- ・ 関税・輸入品商品税計（2901, 6000）
- ・ 輸出計（6000, 5001）
- ・ 輸入計［競争輸入表の場合］（6000, 5002）

このファイルは固定長で，レコード項目は，①行部門コード，②列部門コード，③金額である。ただし，金額がゼロの場合はそのレコードを与える必要はない。

(3) 追加調整情報

このファイルは拡張 RAS 法に特徴的なものであり，産業連関表のコントロール・トータルを除く特定部分の合計を強制的に指定された値に固定したい場合，このファイルでその部分と固定する値を与える。ここで「特定部分」はひとつのセルの場合もあり得る。また，ここでいう指定される固定値は当然対象年次のものである。このファイルは固定長で，以下の情報を与える。

① 続き記号
② 矩形の上端行部門コード

③　矩形の下端行部門コード（もし，ブランクなら上と同じとみなされる。）

④　矩形の左端列部門コード

⑤　矩形の右端列部門コード（もし，ブランクなら上と同じとみなされる。）

⑥　固定する値（続き記号がブランクの場合）

　追加調整情報は産業連関表のコントロール・トータル以外の特定部分の合計を固定したい場合に与えるが，まず，その部分をいくつかの重複のない矩形の範囲に分解し，各範囲（矩形）の上端と下端を行部門コードで，左端と右端を列部門コードで示す。

　産業連関表の特定部分が，重複のない A, B, C の３つの範囲（矩形）に分解されたとすると，次のようになる。

＜１番目のレコード＞

・　「続き記号」はブランクにする。

・　範囲（矩形）A の上端と下端を行部門コードで，左端と右端を列部門コードで与える。

・　「固定する値」の合計値を与える。

＜２番目のレコード＞

・　「続き記号」はブランク以外の文字にする。

・　範囲（矩形）B の上端と下端を行部門コードで，左端と右端を列部門コードで与える。

・　「固定する値」はブランクにする。

＜３番目のレコード＞

・　「続き記号」はブランク以外の文字にする。

・　範囲（矩形）C の上端と下端を行部門コードで，左端と右端を列部門コードで与える。

・　「固定する値」はブランクにする。

第3章　各国産業連関表の延長推計の方法　117

(例)

・　第2部門から第6部門と，第9部門から第11部門の付加価値合計を
1234に固定する（付加価値は4項目からなるとする）場合は，以下のよ
うに指定する。

		行コード	行コード	列コード	列コード	固定する値
レコード1		3001	3004	1002	1006	1234
レコード2	+	3001	3004	1009	1011	

・　第4部門から第9部門の輸出合計を5678に固定する。

	行コード	行コード	列コード	列コード	固定する値
レコード1	1004	1009	5001		5678

　なお，産業連関表の固定したい部分がひとつのセルのみから構成される場
合は，そのセルの値は「固定する値」に置き換えられる。固定したい部分が
複数のセルからなり，しかももとのその部分の合計値がゼロの場合は，「固
定する値」は無視され，その部分は調整されず，ゼロのままになる。

(4)　パラメータ等

　産業連関表のフレームワークに関する情報と RAS 法の制御情報を与える。
それらは，①内生部門数（nnn），②付加価値項目数（nva），③国内最終需要
項目数（nfd），④ RAS 法の最大繰り返し回数（イタレーション回数がこの値に
達したらイタレーションは終了し，拡張 RAS 法は収束しなかったと判定される），
⑤ RAS 法の収束条件（すべての行修正係数と列修正係数の1との差の絶対値が
ここで与えた値より小さくなれば，イタレーションは終了し，拡張 RAS 法は収束
したものと判定される）である。

　これは小さいファイルであり，UNIX を使用する場合は，わざわざこのフ
ァイルを作成せず「入力の埋め込み」(here document) 機能を使用し，シェ
ルの中にこれらのデータを組み込むことが多い。

4．出力ファイル

拡張 RAS 法の計算結果は 2 種類のファイルに出力される。これらは，拡張 RAS 法の収束の如何にかかわらず出力され，これらのファイルの中の合計項目と誤差は再計算されている。また，入力データに誤りがあったときの警告と，拡張 RAS 法の収束情報が収められたファイルが出力される。

⑴　対象年次の延長産業連関表－固定長フォーム

対象年次の延長産業連関表が，表 3-3 のフレームワークに従って出力される。このファイルは固定長で，出力されるレコード項目は①行部門コード，②列部門コード，③金額である（基準年次の産業連関表と同じ）。ただし，金額がゼロのレコードは出力されない。

⑵　対象年次の延長産業連関表－エクセル形式

対象年次の延長産業連関表が表イメージで出力される。これは後ほど，エクセルで直接読み込んで，エクセルでこの表を利用することを想定している。

⑶　エラー・メッセージと RAS 法の収束情報

入力ファイルのレコードにエラーがあったときにはエラー・メッセージが出力される。また，RAS 法の収束情報がイテレーションの度に出力される。

おわりに

本章では，一国の産業連関表の延長推計作業に関する技術的な側面について考察した。

第 1 節では，産業連関表の延長推計作業で必要となる作業とその手順につ

第3章　各国産業連関表の延長推計の方法　119

いて確認した。ここでは最も詳細で網羅的な作業が行われていると考えられる日本産業連関表の延長推計作業において行われている作業の手順と概要を紹介した。これらの作業は詳細なデータの入手可能性によって，各国毎に作業内容は変化せざるを得ないものであるが，どの国の作業を考えるにしても，日本の延長推計作業は参考となるであろう。

　第2節では，産業連関表の中間取引の延長推計方法について検討した。これは延長推計作業の中で最も困難な部分のひとつと思われるが，いくつかの機械的な方法が提案されているため，それらの方法について説明した。RAS法では行修正係数による各行の調整と列修正係数による各列の調整が交互に繰り返されながら（イタレーション），行方向と列方向のいずれについてもバランスのとれた中間取引が探索される。また，平均増加倍率法では，RAS法と同様に行修正係数による調整と列修正係数による調整が行われるが，それらが同時に行われ，その平均（加法の場合は算術平均，乗法の場合は幾何平均）をとることを繰り返しながら，行方向と列方向の両方についてバランスのとれた中間取引が探索される。それに対し，ラグランジュ未定係数法はイタレーションによらず，ある基準になるものに最も近い解（最適解）を求める方法である。これらの方法のパフォーマンスを比較してみると，イタレーションによる3つの方法から得られる結果は非常に近いものである。しかし，収束の速さまで考慮すると，従来から最も広く使用されているRAS法が最も良好なパフォーマンスを示していると思われる。ラグランジュ未定係数法の最大の特徴は，確実にバランスのとれた結果が得られることであるが，実現値からは遠い結果が得られ，パフォーマンスには問題があるといえよう。また，結果の符号が保証されないという大きな問題もある。第2節の最後では，その他の延長推計方法についても簡単な説明を行った。そこでは，RAS法には，行制約と列制約をみたした上で，どの目的関数を最小化させるのかによって，いろいろなバリエーションが存在していること，修正RAS法は収集したデータの正確性を考慮したRAS法であることを説明した。

　最後に，第3節では，アジ研で使用されている拡張RAS法を，延長推計

方法の実際の適用例として紹介した。これはコンピュータ・プログラム内に具現化されているもので，そのプログラムの機能を中心に説明した。これが「拡張」RAS法と呼ばれるのは，①中間取引のみならず最終需要，付加価値なども対象に含むこと，②産業連関表中のある部分（ひとつのセルでもよい）の合計値を特定の値に固定できること，③通常のRAS法としても使用できることによる。

　なお，ここで紹介したのは一国の産業連関表の延長推計のための方法であるが，これを国際産業連関表の延長推計に自然な形で拡張したものが，国際産業連関表用の拡張RAS法であり，今回のプロジェクトの中で実際に使用されている。これは，第5章2節で紹介されているので，あわせて参照されたい。

〔注〕────────────────
(1)　ただし，あくまでもLecomberの論文執筆時（1975年）における問題であり，計算機が発達した現在では，この問題は解決されている可能性がある。
(2)　なお，本節は佐野（2011）の第1節を，大幅に書き直したものである。

〔参考文献〕

＜日本語文献＞
金子敬生 1977.『新版・産業連関の理論と適用』日本評論社.
経産省（経済産業省大臣官房調査統計グループ）2013.「延長産業連関表からみた我が国経済構造の概要（平成23年簡易延長産業連関表，平成22年延長産業連関表）」経済産業省.
佐野敬夫 2011.「国際産業連関表作成のための情報システム」猪俣哲史・桑森啓・玉村千治編『2005年国際産業連関表の作成と利用（Ⅱ）』（アジア国際産業連関シリーズ No.77）日本貿易振興機構アジア経済研究所　95-130.
横橋正利 2005.「米国2000年表の推計方法の概要」岡本信広・猪俣哲史編『国際産業連関─アジア諸国の産業連関構造─（Ⅳ）』（アジア国際産業連関シリーズ No.65）日本貿易振興機構アジア経済研究所　93-116.

<外国語文献>

Allen, R. I. G. and J. R. C. Lecomber 1975. "Some Tests on a Generalised Version of RAS," In *Estimating and Projecting Input-Output Coefficients*, edited by R. I. G. Allen and W. F. Gossling. London; Input-Output Publishing Company.

IDE-JETRO (Japan External Trade Organization. Institute of Developing Economies) 2006. *Asian International Input-Output Table 2000: Data*. (I.D.E. Statistical Data Series, No. 90) Chiba; IDE-JETRO.

────── 2013. *Asian International Input-Output Table 2005*. (I.D.E. Statistical Data Series, No. 98) Chiba; IDE-JETRO.

Lecomber, J. R. C. 1975. "A Critique of Methods of Adjusting, Updating and Projecting Matrices," In *Estimating and Projecting Input-Output Coefficients*, edited by R. I. G. Allen and W. F. Gossling. London; Input-Output Publishing Company.

第4章

輸入財需要先調査を通じた国別輸入表の作成

桑森　啓・玉村　千治・佐野　敬夫

はじめに

　第1章に示したとおり，アジア国際産業連関表（アジア表）は，各国の産業連関表（各国表）を，貿易取引を通じて連結することによって作成される。したがって，各国表の存在を前提とすれば，アジア表の精度は貿易マトリクス（輸入表）の精度に大きく依存することになる。アジア表における貿易マトリクスは，非競争輸入型の各国表における輸入表を，相手国別に分割することによって作成されるが（第1章参照），相手国別に正確な国別輸入表を作成するのは容易ではない。そのため，アジア表の作成に際しては，何らかの仮定をおいた機械的な手法により輸入表を国別に分割し，特別調査を通じて得られる追加的情報を加味することにより，可能なかぎり現実を反映した国別輸入表を作成することを試みている。

　本章では，特別調査を通じたアジア表の国別輸入表の作成について検討を行う。第1節では，アジア表における国別輸入表の作成方法について説明を行う。大まかな手順については，第1章でも説明しているが，本章ではより詳しく説明する。第2節では，国別輸入表の作成に際しての輸入財に関する特別調査（輸入財需要先調査）に焦点を当てて，その方法と課題について検討する。また，特別調査の結果を輸入表に反映させる具体的な方法については，補論において簡単な数値例を用いて説明している。

第1節　国別輸入表の作成手順

本節では，アジア表における国別輸入表の作成手順について説明する。第1章でもふれたとおり，アジア表における国別輸入表の作成は，①輸入額シェアに基づく輸入表の国別分割（比例分割），②特別調査（輸入財需要先調査）の結果に基づく輸入表の修正の2段階で行われる。以下では，各段階の作業手順について解説する[1]。

1．輸入額シェアによる国別輸入表の作成（比例分割）

図4-1は，非競争型の各国表（α 国）における輸入表を模式的に表現したものである。
ただし，

n：　　　　　　　　　産業部門（内生部門）数

l：　　　　　　　　　最終需要項目数

$M_{ij}^{\alpha} = \sum_{\beta_h} M_{ij}^{\alpha\beta_h} \ (\alpha \neq \beta_h)$：$\alpha$ 国の第 j 産業の他国（世界）の第 i 産業からの輸入額

$(i, j = 1, 2, \cdots, n)$

$F_{ik}^{\alpha} = \sum_{\beta_h} F_{ik}^{\alpha\beta_h} \ (\alpha \neq \beta_h)$：$\alpha$ 国の第 k 最終需要項目の他国（世界）の第 i 産業からの輸入額　$(i = 1, 2, \cdots, n; k = 1, 2, \cdots, l)$

$M_i^{\alpha} = \sum_i M_{ij}^{\alpha} + \sum_i F_{ik}^{\alpha}$：　α 国の第 j 産業の他国（世界）からの輸入総額

である。

この図 4-1の輸入表を相手国別に分割する最も簡単な方法は，α 国の輸入額全体に占める輸入相手国 β_h（$h = 1, 2, \cdots$）の輸入額シェアで各部門を分割することである。たとえば，α 国の第 i 部門の輸入に占める輸入相手国 β_h の輸入額シェアは，(4.1) 式により計算される。

第4章　輸入財需要先調査を通じた国別輸入表の作成　125

図 4-1　輸入表のイメージ（国別分割前）

部門	中間取引					最終需要					合計
	1	2	$\cdots$	j	$\cdots$	n	1	$\cdots$	k	$\cdots$	n	
1	M_{11}^{α}	M_{12}^{α}	$\cdots$	M_{12}^{α}	$\cdots$	M_{1n}^{α}	F_{11}^{α}	$\cdots$	F_{1k}^{α}	$\cdots$	F_{1l}^{α}	M_1^{α}
2	M_{21}^{α}	M_{22}^{α}	$\cdots$	M_{22}^{α}	$\cdots$	M_{2n}^{α}	F_{21}^{α}	$\cdots$	F_{2k}^{α}	$\cdots$	F_{2l}^{α}	M_2^{α}
$\vdots$	$\vdots$	$\vdots$	$\ddots$	$\vdots$	$\vdots$	$\vdots$	$\vdots$	$\ddots$	$\vdots$	$\vdots$	$\vdots$	$\vdots$
$\vdots$	M_{i1}^{α}	M_{i2}^{α}	$\cdots$	M_{ij}^{α}	$\cdots$	M_{in}^{α}	F_{i1}^{α}	$\cdots$	F_{ik}^{α}	$\cdots$	F_{il}^{α}	M_i^{α}
$\vdots$	$\vdots$	$\vdots$	$\vdots$	$\vdots$	$\ddots$	$\vdots$	$\vdots$	$\vdots$	$\vdots$	$\ddots$	$\vdots$	$\vdots$
n	M_{n1}^{α}	M_{n2}^{α}	$\cdots$	M_{nj}^{α}	$\cdots$	M_{nn}^{α}	F_{n1}^{α}	$\cdots$	F_{nk}^{α}	$\cdots$	F_{nl}^{α}	M_n^{α}

（出所）　筆者作成。

$$(4.1) \quad m_i^{\alpha\beta_h} = \frac{M_i^{\alpha\beta_h}}{M_i^{\alpha}} \quad \cdots \quad \alpha \text{ 国の第 } i \text{ 部門の輸入に占める } \beta_h \text{ 国のシェア}$$

（4.1）式で求められたシェアに，図 4-1における第 i 行の輸入額を乗じることにより，α 国の各中間取引部門および最終需要項目の β_h 国の第 i 部門からの輸入額を求めることができる（(4.2) 式参照）。

$$(4.2) \quad \begin{aligned} M_{ij}^{\alpha\beta_h} &= m_i^{\alpha\beta_h} M_{ij}^{\alpha} \quad \cdots \quad \alpha \text{ 国の中間取引部門 } j \text{ の} \beta_h \text{ 国の第 } i \text{ 部門からの輸入額} \\ F_{ij}^{\alpha\beta_h} &= m_i^{\alpha\beta_h} F_{ik}^{\alpha} \quad \cdots \quad \alpha \text{ 国の最終需要項目 } k \text{ の} \beta_h \text{ 国の第 } i \text{ 部門からの輸入額} \end{aligned}$$

各輸入相手国 β_h について，（4.1）式および（4.2）式に基づいて，図 4-1の輸入表は，以下の図4-2のような国別輸入表に分割される[2]。

2．特別調査の実施による国別輸入表の修正

上述の輸入額シェアによる比例分割により，各国の産業連関表の輸入表を輸入相手国別に分割することができる。しかし，第1章でも説明したとおり，単純に輸入額のシェアを用いて分割しただけでは，すべての輸入相手国の間で，輸入財の需要構造は同一になってしまう。そのため，異なる国や地域で

図 4-2 輸入表のイメージ（国別分割後）

国	部門	中間取引						最終需要					合計
		1	2	...	j	...	n	1	...	k	...	l	
β_1	1	$M_{12}^{\alpha\beta_1}$	$M_{12}^{\alpha\beta_1}$	...	$M_{12}^{\alpha\beta_1}$	...	$M_{1n}^{\alpha\beta_1}$	$F_{11}^{\alpha\beta_1}$	...	$F_{1k}^{\alpha\beta_1}$	...	$F_{1l}^{\alpha\beta_1}$	$M_{1}^{\alpha\beta_1}$
	2	$M_{21}^{\alpha\beta_1}$	$M_{22}^{\alpha\beta_1}$	...	$M_{22}^{\alpha\beta_1}$	...	$M_{2n}^{\alpha\beta_1}$	$F_{21}^{\alpha\beta_1}$	...	$F_{2k}^{\alpha\beta_1}$	...	$F_{2l}^{\alpha\beta_1}$	$M_{2}^{\alpha\beta_1}$
	...	...	...	...	...	...	...	...	...	...	...	...	...
	i	$M_{i1}^{\alpha\beta_1}$	$M_{i2}^{\alpha\beta_1}$	...	$M_{ij}^{\alpha\beta_1}$	...	$M_{in}^{\alpha\beta_1}$	$F_{i1}^{\alpha\beta_1}$	...	$F_{ik}^{\alpha\beta_1}$	...	$F_{il}^{\alpha\beta_1}$	$M_{i}^{\alpha\beta_1}$
	...	...	...	...	...	...	...	...	...	...	...	...	...
	n	$M_{n1}^{\alpha\beta_1}$	$M_{n2}^{\alpha\beta_1}$	...	$M_{nj}^{\alpha\beta_1}$	...	$M_{nn}^{\alpha\beta_1}$	$F_{n1}^{\alpha\beta_1}$	...	$F_{nk}^{\alpha\beta_1}$	...	$F_{nl}^{\alpha\beta_1}$	$M_{n}^{\alpha\beta_1}$
...	...	...	...	...	...	...	...	...	...	...	...	...	...
β_w	1	$M_{12}^{\alpha\beta_w}$	$M_{12}^{\alpha\beta_w}$	...	$M_{12}^{\alpha\beta_w}$	...	$M_{1n}^{\alpha\beta_w}$	$F_{11}^{\alpha\beta_w}$	...	$F_{1k}^{\alpha\beta_w}$	...	$F_{1l}^{\alpha\beta_w}$	$M_{1}^{\alpha\beta_w}$
	2	$M_{21}^{\alpha\beta_w}$	$M_{22}^{\alpha\beta_w}$	...	$M_{22}^{\alpha\beta_w}$	...	$M_{2n}^{\alpha\beta_w}$	$F_{21}^{\alpha\beta_w}$	...	$F_{2k}^{\alpha\beta_w}$	...	$F_{2l}^{\alpha\beta_w}$	$M_{2}^{\alpha\beta_w}$
	...	...	...	...	...	...	...	...	...	...	...	...	...
	i	$M_{i1}^{\alpha\beta_w}$	$M_{i2}^{\alpha\beta_w}$	...	$M_{ij}^{\alpha\beta_w}$	...	$M_{in}^{\alpha\beta_w}$	$F_{i1}^{\alpha\beta_w}$	...	$F_{ik}^{\alpha\beta_w}$	...	$F_{il}^{\alpha\beta_w}$	$M_{i}^{\alpha\beta_w}$
	...	...	...	...	...	...	...	...	...	...	...	...	...
	n	$M_{n1}^{\alpha\beta_w}$	$M_{n2}^{\alpha\beta_w}$	...	$M_{nj}^{\alpha\beta_w}$	...	$M_{nn}^{\alpha\beta_w}$	$F_{n1}^{\alpha\beta_w}$	...	$F_{nk}^{\alpha\beta_w}$	...	$F_{nl}^{\alpha\beta_w}$	$M_{n}^{\alpha\beta_w}$

（出所）筆者作成。

（注）β_w はその他世界を表す。

図 4-3　特別調査の結果を反映させた国別輸入表のイメージ

国	部門	中間取引						最終需要					合計
		1	2	…	j	…	n	1	…	k	…	l	
β_1	1	$\bar{M}_{12}^{\alpha\beta_1}$	$\bar{M}_{12}^{\alpha\beta_1}$	…	$\bar{M}_{12}^{\alpha\beta_1}$	…	$\bar{M}_{1n}^{\alpha\beta_1}$	$\bar{F}_{11}^{\alpha\beta_1}$	…	$\bar{F}_{1k}^{\alpha\beta_1}$	…	$\bar{F}_{1l}^{\alpha\beta_1}$	$M_1^{\alpha\beta_1}$
	2	$\bar{M}_{21}^{\alpha\beta_1}$	$\bar{M}_{22}^{\alpha\beta_1}$	…	$\bar{M}_{22}^{\alpha\beta_1}$	…	$\bar{M}_{2n}^{\alpha\beta_1}$	$\bar{F}_{21}^{\alpha\beta_1}$	…	$\bar{F}_{2k}^{\alpha\beta_1}$	…	$\bar{F}_{2l}^{\alpha\beta_1}$	$M_2^{\alpha\beta_1}$
	…	…	…	⋱	…	…	…	…	…	…	…	…	…
	i	$\bar{M}_{i1}^{\alpha\beta_1}$	$\bar{M}_{i2}^{\alpha\beta_1}$	…	$\bar{M}_{ij}^{\alpha\beta_1}$	…	$\bar{M}_{in}^{\alpha\beta_1}$	$\bar{F}_{i1}^{\alpha\beta_1}$	…	$\bar{F}_{ik}^{\alpha\beta_1}$	…	$\bar{F}_{il}^{\alpha\beta_1}$	$M_i^{\alpha\beta_1}$
	…	…	…	⋱	…	…	…	…	⋱	…	⋰	…	…
	n	$\bar{M}_{n1}^{\alpha\beta_1}$	$\bar{M}_{n2}^{\alpha\beta_1}$	…	$\bar{M}_{nj}^{\alpha\beta_1}$	…	$\bar{M}_{nn}^{\alpha\beta_1}$	$\bar{F}_{n1}^{\alpha\beta_1}$	…	$\bar{F}_{nk}^{\alpha\beta_1}$	…	$\bar{F}_{nl}^{\alpha\beta_1}$	$M_n^{\alpha\beta_1}$
…	…	…	…	…	…	…	…	…	…	…	…	…	…
β_w	1	$\bar{M}_{12}^{\alpha\beta_w}$	$\bar{M}_{12}^{\alpha\beta_w}$	…	$\bar{M}_{12}^{\alpha\beta_w}$	…	$\bar{M}_{1n}^{\alpha\beta_w}$	$\bar{F}_{11}^{\alpha\beta_w}$	…	$\bar{F}_{1k}^{\alpha\beta_w}$	…	$\bar{F}_{1l}^{\alpha\beta_w}$	$M_1^{\alpha\beta_w}$
	2	$\bar{M}_{21}^{\alpha\beta_w}$	$\bar{M}_{22}^{\alpha\beta_w}$	…	$\bar{M}_{22}^{\alpha\beta_w}$	…	$\bar{M}_{2n}^{\alpha\beta_w}$	$\bar{F}_{21}^{\alpha\beta_w}$	…	$\bar{F}_{2k}^{\alpha\beta_w}$	…	$\bar{F}_{2l}^{\alpha\beta_w}$	$M_2^{\alpha\beta_w}$
	…	…	…	⋱	…	…	…	…	…	…	…	…	…
	i	$\bar{M}_{i1}^{\alpha\beta_w}$	$\bar{M}_{i2}^{\alpha\beta_w}$	…	$\bar{M}_{ij}^{\alpha\beta_w}$	…	$\bar{M}_{in}^{\alpha\beta_w}$	$\bar{F}_{i1}^{\alpha\beta_w}$	…	$\bar{F}_{ik}^{\alpha\beta_w}$	…	$\bar{F}_{il}^{\alpha\beta_w}$	$M_i^{\alpha\beta_w}$
	…	…	…	⋱	…	…	…	…	⋱	…	⋰	…	…
	n	$\bar{M}_{n1}^{\alpha\beta_w}$	$\bar{M}_{n2}^{\alpha\beta_w}$	…	$\bar{M}_{nj}^{\alpha\beta_w}$	…	$\bar{M}_{nn}^{\alpha\beta_w}$	$\bar{F}_{n1}^{\alpha\beta_w}$	…	$\bar{F}_{nk}^{\alpha\beta_w}$	…	$\bar{F}_{nl}^{\alpha\beta_w}$	$M_n^{\alpha\beta_w}$

（出所）筆者作成。

（注）β_w はその他世界を表す。

生産された財に対する実際の需要構造が反映されるように，アジア表の作成に際しては，各国で特別調査を実施し，その結果を用いて図 4-2の国別輸入表を修正している。調査結果を反映した国別輸入表の各取引額は修正パラメーター（$c_{ij}^{\alpha\beta_h}$ および $c_{ik}^{\alpha\beta_h}$）を用いて以下のように表現される（特別調査の具体的な方法については，次節で詳述）。

$$
\tilde{M}_{ij}^{\alpha\beta_h} = c_{ij}^{\alpha\beta_h} M_{ij}^{\alpha\beta_h} \quad \cdots \quad
$$
α 国の中間取引部門 j の β_h 国の第 i 部門からの輸入額

（特別調査結果反映済み）

(4.3)

$$
\tilde{F}_{ij}^{\alpha\beta_h} = c_{ik}^{\alpha\beta_h} F_{ik}^{\alpha\beta_h} \quad \cdots \quad
$$
α 国の最終需要項目 k の β_h 国の第 i 部門からの輸入額

（特別調査結果反映済み）

ただし，

$$
M_i^{\alpha\beta_h} = \Sigma_i \tilde{M}_{ij}^{\alpha\beta_h} + \Sigma_i \tilde{F}_{ik}^{\alpha\beta_h}
$$

である[3]。すなわち，修正パラメーターは，調査結果を反映した上で，輸入総額が変化しないように調整したものである。特別調査による情報が得られない取引については，修正パラメーターの値は 1 となる（$c_{ij}^{\alpha\beta_h} = 1$ および $c_{ik}^{\alpha\beta_h} = 1$）。以上のプロセスを通じて，特別調査の結果を反映させた国別輸入表は，図 4-3のようになる。

第 2 節　輸入財に関する特別調査の方法

本節では，前節において修正パラメーターとして表現された国別輸入表を修正する情報を収集する手段としての輸入財に関する特別調査の方法について検討する。輸入財の特別調査の方法には，①産業（企業）がどの国のどの産業から，どれだけ輸入しているかを調査する「輸入財投入調査」と，②産

業（企業）がある国から輸入した財を国内のどの産業にどれだけ販売しているかを調査する「輸入財需要先調査」の2種類がある[4]。本節では，輸入財需要先調査の方法や課題について，おもに2005年アジア表の作成に際してフィリピン国家統計局（National Statistics Office of the Philippines: NSO）実施したフィリピンにおける調査を参考にしつつ検討する[5]。

1．輸入財需要先調査の方法　—フィリピンを例として—

　輸入財需要先調査は，輸入を行った企業に対し，ある国から輸入した財を，国内のどの産業（企業）に，どれだけ販売したかを調査することを通じて，輸入財の国内における需要構造を輸入相手国別に明らかにするために行うものである。そのため，輸入財需要先調査では，少なくとも①輸入した財，②輸入した財の輸入相手国および輸入量（輸入数量，輸入額，輸入シェアなど），③輸入した財の販売先および販売量（販売数量，販売額，輸入に占めるシェアなど）に関する情報を収集する必要がある。

(1)　調査票の作成
　表 4-1は，上記の目的のもと，2005年アジア表の作成に際してフィリピンで実施した輸入財需要先調査で使用した調査票のひな形である。表 4-1に示されるとおり，フィリピンにおける輸入財需要先調査では，まず，(1)および(2)の欄において，輸入された財をフィリピン標準商品分類（PSCC）レベルで収集している。(3)欄では，2005年アジア表で対象としている13カ国・地域を選択することにより，輸入相手国を特定している。(4)から(6)の欄においては，輸入された財の輸入額に関する情報を収集している。また，(7)欄の輸入品商品税は，輸入表の国分割には直接必要な調査項目ではないが，第1章で触れた関連データに関する情報も同時に収集する目的で調査項目に含めている。(8)から(10)の欄では，(1)から(3)の欄で特定された相手国別の輸入財の需要先および輸入金額に関する情報を，フィリピン標準産業分類（PSIC）レベル

130

表 4-1 輸入財需要先調査のひな形（フィリピンの例）

(1)	(2)	(3)	(4)	(5)	(6)	(7)	(8)	(9)	(10)
Description of Imported Commodity	PSCC Code[1]	Country of Origin (Encircle appropriate code)	FOB Value (US$)	Insurance Cost (US$)	Freight Cost (US$)	Duties & Taxes (Pesos)	Type of Industry Commodities are soled/distributed	PSIC Code[2]	CIF Value (US$)
		1. Indonesia 8. Japan 2. Malaysia 9. U.S.A. 3. Singapore 10. H.Kong 4. Thailand 11. India 5. China 12. EU 6. Taiwan 13. Others 7. Korea							
		1. Indonesia 8. Japan 2. Malaysia 9. U.S.A. 3. Singapore 10. H.Kong 4. Thailand 11. India 5. China 12. EU 6. Taiwan 13. Others 7. Korea							

（出所）　NSO および IDE により作成された調査票を一部簡略化して作成。
（注）　1）PSCC：フィリピン標準商品分類（Philippine Standard Commodity Classification）
　　　　2）PSIC：フィリピン標準産業分類（Philippines Standard Industrial Classification）

で収集している。

(2)　調査対象の選定

　つぎに調査対象を選定する。輸入財需要先調査は，企業に対し，輸入した財の販売先を尋ねる調査であるから，調査対象は，輸入を行っている企業となる。フィリピンの場合，（2005年アジア表の作成に際して実施した調査において調査対象年次とした）2007年に輸入を行った企業は21,793社あったが[6]，これらすべての企業に対して全数調査を実施することは不可能であるため，以下の手順で調査対象企業の絞り込みを行い，サンプル調査を行った。

第4章　輸入財需要先調査を通じた国別輸入表の作成　131

　まず，一定額以上の輸入を行っている企業のみを調査対象候補として抽出する。2005年アジア表の作成に際しては，５万ドル以上の輸入を行っている企業を対象として抽出し，調査対象候補企業を約790社にまで絞り込んだ[7]。これは，企業数としては上記の輸入企業全体の約3.6％にすぎないが，F.O.B.価格ベースの輸入額では輸入総額の約89％を占めている（NSO 2009, 80参照）。

　上記の方法で絞り込まれた候補企業に対して調査を行うことができれば，輸入の大部分をカバーできると考えられるが，現実には，費用や時間の制約からこれらの企業に対してでさえ調査を実施することは難しい。さらに，候補企業の中には，調査時点では移転などによりアクセスできない企業も存在する。そのため，これら費用や時間の制約，上記の調査候補企業へのアクセスの可否，さらには産業のバランスなどを総合的に勘案し，最終的に120社を調査対象企業として選定した（NSO 2009, 80-81参照）。

(3)　調査の実施
　調査対象を決定した後に，対象企業に対して調査票を配布し，調査を実施する。フィリピンの場合，上記の120社のうち，調査票を回収することができたのは106社であり，回収率は88％であった（NSO 2009, 83参照）[8]。実際に調査票を回収することができた企業の数は，2007年に輸入を行った企業のわずか0.5％にすぎないが，これら企業の輸入額は同年における F.O.B. 価格ベースの輸入総額の29.9％を占めており，全体として主要な輸入企業を一定程度カバーすることができていると考えられる。

２．調査結果の集計と輸入表への反映方法

　ここでは，上述の方法で実施した調査から得られた結果を輸入表に反映させる手順について，仮設の数値例を用いて説明する。
　いま，ふたつの企業（A および B）について，表 4-1の調査票を用いて調

査を行い，表 4-2に示されるような結果が得られたとする。結果の見方は以下のとおりである。

企業 A の「ポリウレタン」（Polyurethanes）の輸入に関する情報をみてみると，(2)の欄には，この品目の商品分類コード（PSCC）である390950が記載されている。(3)の輸入相手国の欄では，日本（Japan）が選択されており，ポリウレタンが日本から輸入されたものであることがわかる。(4)の欄には，この品目の日本からの F.O.B. 価格ベースの輸入額 1 万8600ドルが記録されている。(5)および(6)の欄には，1 万8600ドルのポリウレタンを輸入するためにかかった保険料200ドルおよび国際運賃1200ドルが計上されている。下の（合計）の欄に示されているように，この F.O.B. 価格ベースの輸入額に，保険料および国際運賃を加えた金額 2 万ドルが，ポリウレタンの日本からの C.I.F. 価格ベースの輸入額である。(7)の欄には，関税および輸入品商品税がフィリピン・ペソで記録されている。ここでは，日本からのポリウレタンの輸入に掛かる関税および輸入品商品税として 2 万7500ペソが計上されている。(8)から(10)の欄には，日本から輸入されたポリウレタンが，フィリピン国内のどの産業にどれだけ販売されたかが C.I.F. 価格で記録されている。たとえば，日本から輸入されたポリウレタンは，フィリピン標準産業分類（PSIC）ではD13910に分類される「織物製造業」（Manufacture of knitted and crocheted fabrics）に1000ドル販売されるほか，D2011に分類される「基礎化学製造業」（Manufacture of basic chemicals）に5600ドル販売されることがわかる。ここでは，ポリウレタンの販売先として 5 産業が記録されているが，これら 5 産業の輸入額の合計値は，1 万8700ドルであり，輸入総額の 2 万ドルには一致しない。これは，日本から輸入されたポリウレタンについては，その販売先を完全に把握できていないことを意味している。一方で，同じ表 4-2に掲載されている企業 A のもうひとつの輸入品目である「石油樹脂」（Petroleum resins; 3911100）は，日本からの輸入総額と販売総額が一致しており，すべての販売先が把握できていることを意味する。ただし，これはあくまでも仮設例であり，実際には輸入額のすべての販売先を捕捉できることは極めて稀であ

表 4-2 輸入財需要先調査の結果（仮設例）

(1) 企業 A の調査結果（一部）

(1) Description of Imported Commodity	(2) PSCC Code	(3) Country of Origin (Encircle appropriate code)	(4) FOB Value (US$)	(5) Insurance Cost (US$)	(6) Freight Cost (US$)	(7) Duties & Taxes (Pesos)	(8) Type of Industry Commodities are soled/distributed	(9) PSIC Code	(10) CIF Value (US$)
Polyurethanes	390950	1. Indonesia 2. Malaysia 3. Singapore 4. Thailand 5. China 6. Taiwan 7. Korea [8. Japan] 9. U.S.A. 10. H. Kong 11. India 12. EU 13. Others	18,600	200	1200	27,500	Weaving of textiles	D13120	600
							Manufacture of knitted fabrics	D13910	1,000
							Manufacture of basic chemicals	D2011	5,600
							Manufacture of man-made fabrics	D2030	1,500
							Manufacture of plastic products	D2220	10,000
(合計)			US$20,000			Ps27,500			US$18,700
Petroleum resins	391100	1. Indonesia 2. Malaysia 3. Singapore 4. Thailand 5. China 6. Taiwan 7. Korea [8. Japan] 9. U.S.A. 10. H. Kong 11. India 12. EU 13. Others	7,500	50	450	13,750	Manufacture of wearing apparel	D141	500
							Manufacture of basic chemicals	D2011	2,500
							Manufacture of man-made fibers	D2030	2,000
							Manufacture of plastic products	D2220	3,000
(合計)			US$8,000			Ps13,750			US$8,000

(2) 企業 B の調査結果（一部）

表 4-2 つづき

(1) Description of Imported Commodity	(2) PSCC Code	(3) Country of Origin (Encircle appropriate code)	(4) FOB Value (US$)	(5) Insurance Cost (US$)	(6) Freight Cost (US$)	(7) Duties & Taxes (Pesos)	(8) Type of Industry Commodities are soled/distributed	(9) PSIC Code	(10) CIF Value (US$)
Silicones in primary forms	391000	1. Indonesia 2. Malaysia 3. Singapore 4. Thailand 5. China 6. Taiwan 7. Korea ⑧ Japan 9. U.S.A. 10. H. Kong 11. India 12. EU 13. Others	245,000	850	450	82,500	Manufacture of basic chemicals	D2011	50,000
							Manufacture of plastic and synthetic rubber	D2013	80,000
							Manufacture of soap and detergents, cleaning preparations	D2023	25,000
							Manufacture of industrial and other rubber products	D22192	45,000
							Manufacture of man-made fibers	D2030	14,000
							Manufacture of dental cement	D32506	18,000
（合計）				US$250,000		Ps82,500			US$232,000

（出所）筆者作成。

第 4 章　輸入財需要先調査を通じた国別輸入表の作成　135

る。そのため，上位 5 産業程度を企業に記載してもらうなどの対応がとられ
ることが多い（たとえば，経済産業省による日本産業連関表作成のための輸入財
需要先調査など）。

　以下では，この結果を集計し，(4.3) 式の修正パラメーター（$c_{ij}^{\alpha\beta_h}$ および
$c_{ik}^{\alpha\beta_h}$）に反映させる手順について説明する。

表 4-3　産業連関表分類との対応付け

(1)　企業 A の調査結果とアジア表部門分類との対応付け

Description	AIO Code	PSCC Code	Country of Origin	CIF Value(注) (US\$)	PSIC Code	CIF Value (US\$)	AIO Code	Description
Synthetic resins and fiber	29	390950	Japan	20,000	D13120	600	19	Weaving and dyeing
					D13910	1,000	20	Knitting
					D2011	5,600	30	Other basic industrial chemicals
					D2030	1,500	29	Synthetic resins and fiber
					D2220	10,000	35	Plastic products
Synthetic resins and fiber	29	391100	Japan	8,000	D141	500	21	Wearing apparel
					D2011	2,500	30	Other basic industrial chemicals
					D2030	2,000	29	Other basic industrial chemicals
					D2220	3,000	35	Plastic products

(2)　企業 B の調査結果とアジア表部門分類との対応付け

Description	AIO Code	PSCC Code	Country of Origin	CIF Value(注) (US\$)	PSIC Code	CIF Value (US\$)	AIO Code	Description
Synthetic resins and fiber	29	391000	Japan	250,000	D2011	50,000	30	Other basic industrial chemicals
					D2013	80,000	30	Other basic industrial chemicals
					D2023	25,000	32	Drugs and medicine
					D22192	45,000	37	Other rubber products
					D2030	14,000	29	Synthetic resins and fiber
					D32506	18,000	33	Other chemical products

　（出所）　筆者作成。
　（注）　表 4-2の(4)から(6)の欄の合計値。

⑴　ステップ1：産業連関表部門分類への格付け

　まず，集計を行うために，調査票における輸入品の商品産業分類（PSCC）およびその販売先を表す産業分類（PSIC）を，産業連関表部門に格付けする。ここでは，調査結果から，アジア表の共通部門分類（Asian IO classification: AIO）に集計することを考える。表 4-3は，表 4-2を要約して，対応するアジア表の部門への対応付けを行ったものである。表 4-3より，表 4-2において企業 A および企業 B が輸入した3つの財（Polyurethanes, Petroleum resins, Silicon in primary forms）は，いずれもアジア表の「029 合成樹脂および合成繊維」（Synthetic resins and fiber）に格付けされることがわかる。また，企業 A のポリウレタン（PSCC コード：390950）のフィリピン国内における販売先「D13120 織物製造業」（Weaving of textiles）は，アジア表の「019 Weaving and dyeing」（織物・染色業）に格付けされる。

⑵　ステップ2：輸入財の産業連関表部門分類への集計

　つぎに，輸入財のアジア表の部門分類への集計を行う。表 4-3でみたように，ここで取り上げている3つの輸入財は，すべて輸入相手国が日本であり，しかも同じ部門に格付けされるため，これらの輸入財の輸入額をすべて足し上げることにより集計される。表 4-4は，集計した結果を示したものである。表 4-4より，3つの財の日本からの輸入総額は，27万8000ドルになることがわかる。

⑶　ステップ3：輸入財需要先の産業連関表部門分類への集計

　輸入財のアジア表の部門分類への集計を行った後，フィリピン標準産業分類（PSIC）で表されている輸入財の需要先についても，アジア表の部門分類への集計を行う。集計結果は，表 4-5に示されている。すなわち，企業 A および企業 B が輸入したアジア表部門分類における「029 Synthetic resins and fiber」（合成樹脂および合成繊維）に属する3つの財の総額27万8000ドルは，アジア表部門分類の「019 Weaving and dyeing」（織物・染色業）に600ドル，

表 4-4　輸入財の産業連関表部門分類への集計

Description	AIO Code	AIO CIF Value (US$)	Country of origin	PSCC Code	PSCC CIF Value (US$)	Industry sold/distributed (US$) (注)									
						19	20	21	30	30	32	29	37	35	33
						D13120	D13910	D141	D2011	D2013	D2023	D2030	D22192	D2220	D32506
Synthetic resins and fiber	29	278,000	Japan	390950	20,000	600	1,000		5,600			1,500		10,000	
				391100	8,000			1,100	3,000			2,000		3,000	
				391000	250,000				50,000	80,000	25,000	14,000	45,000		18,000
(合計)					278,000	600	1,000	1,100	58,600	80,000	25,000	17,500	45,000	13,000	18,000

（出所）　表 4-3に基づいて筆者作成。
（注）　上段のコードはアジア表の部門分類（AIO Code）を、下段のコードはフィリピン標準産業分類（PSIC）を表す。

表 4-5 輸入財の需要先の産業連関表部門分類への集計

Description	AIO Code	CIF Value (US$)	Country of Origin	Industry sold/distributed at AIO Code (US$)								
				19	20	21	29	30	32	33	35	37
Synthetic resins and fiber	29	278,000	Japan	600	1,000	1,100	66,600	80,000	25,000	18,000	13,000	45,000

（出所）　表 4-4に基づいて筆者作成。

「020 Knitting」（編物製造業）に1000ドル販売されていることがわかる。なお，各部門への販売額の合計値25万300ドルは，輸入総額の27万8000ドルとは一致しない。これは，表 4-2でみたとおり，すべての輸入額の販売先が把握できないことに起因している。

⑷　ステップ4：部門別需要比率の計算

最後に，⑶で求めたアジア表の部門分類ベースの各部門による日本からの輸入財の需要額を，日本からの輸入総額で除することにより，この産業における輸入財の部門別需要比率を算出する。計算結果は，表 4-6に示されている。表 4-6より，「029 Synthetic resins and fiber」（合成樹脂および合成繊維）の日本からの輸入は，フィリピンの「030 Other basic industrial chemicals」（その他基礎化学）に28.8％，「029 Synthetic resins and fiber」（合成樹脂および合成繊維）に24.0％，「037 Other rubber products」（その他ゴム製品）に16.2％需要されることがわかる。この表 4-6で得られた比率と，比例分割によって得られる需要比率とを比較し，需要構造に大きなちがいがみられる場合には，表 4-6の情報を参考にしつつ，(4.3) 式の修正パラメーター（$c_{ij}^{\alpha\beta_h}$ および $c_{ik}^{\alpha\beta_h}$）の値を決定し，国別輸入表の需要構造を修正する。調査を通じて得られた需要構造の輸入表への反映の方法は，得られた調査結果の信頼性や情報の多寡などに応じて，いろいろな方法が考えられ，絶対的な方法があるわけではないが，本章末尾の「補論」において，反映方法のひとつの具体例として，より簡単な数値例を用いて，RAS 法による修正情報の反映方法について検討を行っている。

表 4-6　日本からの輸入の部門別需要比率（029 Synthetic resins and fiber）

AIO Code	Description	Distribution ratio（%）
19	Weaving and dyeing	0.22
20	Knitting	0.36
21	Wearing apparel	0.40
29	Synthetic resins and fiber	24.00
30	Other basic industrial chemicals	28.80
32	Drugs and medicine	9.00
33	Other chemical products	6.50
35	Plastic products	4.70
37	Other rubber products	16.20

（出所）　表 4-5に基づいて筆者計算。

3．輸入財需要先調査の課題

　ここまで，輸入財需要先調査の方法と，その結果を輸入表に反映させる方法について説明してきた。しかし，上述の調査の過程では，多くの問題に直面する。ここでは，それらの問題について述べる。

(1)　特別調査実施上の問題点

　まず，1．で述べた輸入財需要先調査を実施する際に直面する問題について述べる。調査段階で直面するおもな問題としては，以下の諸点が挙げられる。

　第1に，対象年次についての調査を実施することの難しさが挙げられる。通常，アジア表は，対象年次の2～3年後から作成が開始される。そのため，輸入財需要先調査を実施する時点と調査の対象となる年次との間には，一般に3年程度のラグが存在することになるが，対象年次と調査実施のタイミングの間隔が開くほど，対象年次の情報を得ることは難しくなる。そのため，対象年次についての調査を実施することができないケースが生じることがある。たとえば，本節でおもに参照しているフィリピンの場合，調査を実施し

た2008年時点では，アジア表の対象年次である2005年についての情報を得ることが困難であったため，2007年における輸入財の需要先について調査によって代替せざるを得なかった（NSO 2009参照）。

第2に，費用および時間の制約により調査対象が限定されてしまうことである。輸入財に関する正確な投入構造や需要構造を把握するためには，全数調査を実施することが望ましい。しかしながら，時間や費用の面から，すべての産業のすべての企業について調査を実施することは，現実問題として不可能である。したがって，費用と時間の制約のもとで，限られた調査対象（企業）に対してサンプル調査を実施せざるを得ないが，適切に調査対象を選定・抽出することは必ずしも容易ではない[9]。上の調査の手順で述べたとおり，輸入財需要先調査においては，輸入額の大きな企業を調査対象として選定するなどの方法が考えられるが，その他にも，産業のバランスや（国内）地域のバランスなども考慮する必要がある。

第3に，調査の実施段階の問題として，信頼に足る情報を収集することの困難さがある。たとえば，フィリピンで実施した調査の場合，以下の理由から正確な情報を得ることが困難なケースがみられた。第1の理由は，無回答（Non-response）である。この背景には，①業務繁多，②調査が徴税目的に使用される可能性に対する警戒感，③業務上の秘密の漏えいに対する警戒感などがある（NSO 2009, 83）。第2に，調査時点で調査対象である企業や事業所が移転しており，輸入企業が登記簿に記載された住所には存在せず，調査対象企業を見つけることができない場合がある（NSO 2009, 80）。

仮に，情報を得ることができた場合でも，情報の信頼性が十分に担保されない場合も多い。その理由としては，①適切な回答者（部署，事業所，担当者）を特定したり，接触することが困難な場合があること，②回答者のメモリー・バイアスなどが挙げられる（NSO 2009, 83）。

(2) 調査結果の輸入表への反映に際しての問題点

つぎに，調査結果を輸入表に反映させる場合に直面する問題点について述

べる。上記2.において調査結果を集計して輸入財の各産業による需要比率を求めることにより，調査結果を輸入表に反映させる手順について説明したが，たとえ需要比率が得られたとしても，その比率の使用に際しては，十分に注意する必要がある。玉村（1988）では，注意する点として，以下の2点が指摘されている。

　第1に，調査結果がその産業の構造を代表していると認め難い場合である。調査結果が十分なサイズのサンプルに基づかない場合（玉村 1988, 140）や，収集したサンプルの輸入金額がその産業全体に比して著しく小さく，代表性を持ち得ないと判断される場合には，調査結果を輸入表に反映させることは難しい。

　第2に，上記3.(1)の調査実施上の問題点でも述べられているとおり，調査結果の信頼性が担保されないケースがあることである。したがって，調査結果を十分に吟味した上で，信頼できる調査結果のみを選別・抽出して調整を行う必要がある（玉村 1988, 141）。

　その他，2005年アジア表作成時のフィリピンにおける特別調査でみられたように，対象年次に関する調査が実施できない場合に，対象年次に近い他の年次について調査を行って得られた結果をどの程度利用できるかという問題もある。

　　おわりに

　本章では，アジア表の国別輸入表の作成における輸入財に関する特別調査に焦点を当て，その方法と課題について検討を行った。正確な国別輸入表を作成できるかどうかは，アジア表の精度に直結するため，特別調査は極めて重要な役割を果たすことになる。しかし，本章で検討したとおり，特別調査を実施して信頼に足る情報を収集することは大きな困難を伴う。また，玉村（1989, 147）が指摘するとおり，調査結果の輸入表への反映方法についても，

142

システマティックな方法があるわけではない。そのため，調査の実施やその利用に際しては，過去の経験で明らかになった課題を参考にし，これらの問題を極力回避する設計・準備を行うとともに，結果の利用に際しては，十分な吟味を行うことが重要であろう。

〔注〕

(1) 本節における国別輸入表の作成手順については，玉村 (1989) を参考にしている。

(2) 大規模な国際産業連関表は，この比例分割による方法 (proportionality assumption) に基づいて作成されることが多い (たとえば，良永 2012，Timmer et al. 2015, 591 などを参照)。

(3) 実際には，列方向のバランスも崩れないように修正パラメーターを設定する必要がある。

(4) 輸入財投入調査は，1985年アジア表作成時にインドネシアやタイ，台湾などで実施された (IDE 1988a, 1988b, 1989および玉村 1989を参照)。一方，輸入財需要先調査は，1985年アジア表作成時の中国 (IDE 1990参照) や2005年アジア表作成時のフィリピン (NSO 2009参照) のほか，日本の産業連関表作成 (たとえば，経済産業省の URL：http://www.meti.go.jp/statistics/tyo/yunyuhin/ などを参照) に際しても実施されている。

(5) 以下の調査方法に関する記述は，主として NSO (2009) に基づいている。

(6) 調査対象年次を2007年とした理由については後述。

(7) 1985年アジア表作成時に台湾で実施した輸入財投入調査では，販売側の輸入企業と使用側の製造業の両方に対して，それぞれ需要先調査と投入調査を実施する two-way approach を採用しているが，輸入企業については，輸入額の多い上位200社を対象として抽出し，調査を行っている (IDE 1989, 3)。また，やはり1985年のアジア表作成時に輸入財需要先調査を実施した中国では，約20社の輸出入企業を調査対象としている (IDE 1990, 2)。調査対象企業が少ないのは，当時の中国では，輸出入業務を行う企業が限定されていたことによるものである。また，平成23年 (2011年) の日本の産業連関表作成時に実施された輸入財需要先調査では，調査対象とする業種ごとに販売額が多い企業512社を調査対象として抽出している (経済産業省ホームページ：http://www.meti.go.jp/statistics/tyo/yunyuhin/gaiyo.html#menu01参照)。

(8) 1985年のアジア表作成時にタイで実施した輸入財投入調査においては，550社を対象に調査を実施し，360社から回答を得ており，回答率 (response rate) は約65％であった (IDE 1988b, I-V)。また，上記注(5)で説明した平成23年

（2011年）の日本の産業連関表作成時に実施された輸入財需要先調査における調査票の回収率は54.3％であった（上記経済産業省ホームページ参照）。

(9) Lahr（1992; 2001）は，部分的な調査を踏まえた産業連関表（Hybrid Input-Output Tables）を作成する場合に調査対象産業を選定する際の基準として，Jensen and West（1980）や West（1981）が提示した重要産業を特定する方法によって抽出された産業を調査対象とすることを提案している。しかし，この方法は，正しい産業連関表が利用可能であることが前提となっているため，アジア表の作成に際しての輸入財に関する特別調査に直接適用することは難しいと思われる。

〔参考文献〕

＜日本語文献＞

玉村千治 1989.「輸入財投入調査情報の輸入表への反映方法に関する考察と問題点―インドネシア輸入表を例として―」佐野敬夫・玉村千治編『国際産業連関表の作成と利用』（アジア国際産業連関シリーズ No. 6）アジア経済研究所統計調査部　137-153.

良永康平 2012.「2005年 EU 諸国間国際産業連関表の作成」環太平洋産業連関分析学会編『産業連関　イノベーション &I-O テクニーク』20(2)　6月　121-132.

＜外国語文献＞

IDE (Institute of Developing Economies) 1988a. *Report for Special Survey on Imported Component of Input in Indonesia.* (Asian International Input-Output Series, No. 4) Tokyo; Statistical Research Department, Institute of Developing Economies.

――― 1988b. *Report for Special Survey on Imported Component of Input in Thailand.* (Asian International Input-Output Series, No. 5) Tokyo; Statistical Research Department, Institute of Developing Economies.

――― 1989. *Report for Special Survey on Imported Component of Input in Taiwan.* (Asian International Input-Output Series, No. 10) Tokyo; Statistical Research Department, Institute of Developing Economies.

――― 1990. *Report for Special Survey on Distribution of Imported Goods in China.* (Asian International Input-Output Series, No. 15) Tokyo; Statistical Research Department, Institute of Developing Economies.

Jensen, R. C. and G. R. West. 1980. "The effect of relative coefficient size on input-output multipliers," *Environment and Planning A*, 12(6), June: 659-670.

Lahr, M. L. 1992. "An investigation into methods for producing hybrid regional input-output tables," Ph. D. dissertation, University of Pennsylvania, 1992.

———— 2001. "A Strategy for Producing Hybrid Regional Input-Output Tables," In *Input-Output Analysis: Frontiers and Extensions*, edited by M. L. Lahr and E. Dietzenbacher. New York; Palgrave Publishers: 211-242.

NSO (National Statistics Office of the Philippines) 2009. "2007 Special Survey on Imported Commodities in the Philippines," In *Compilation and Use of the 2005 International Input-Output Tables*, edited by H. Kuwamori, Y. Uchida and S. Inomata (Asian International Input-Output Series, No. 72) Chiba, IDE-JETRO, March: 77-106.

Srisurapanon, V. and H. Inamura. 1996. "The Modified RAS Method for Updating Rectangular Input-Output Table; Expectation Model,"（SNA 産業連関表の改定のための修正 RAS 法—期待値モデル—）『土木計画研究・論文集』Vol. 13, 8 月 313-321.

Timmer, M. P. et al. 2015. "An Illustrated Guide to the World Input-Output Database: the Case of Global Automotive Production," *Review of International Economics*, 23(3), August: 575-605.

West, G. R. 1981. "An efficient approach to the estimation of regional input-output multipliers," *Environment and Planning A*, 13(7) July: 857-867.

補　論
RAS法による輸入表の修正方法

　ここでは，第3章で説明されたRAS法を利用して，本章第2節において説明した特別調査の結果を反映させ，輸入表を修正する方法について説明する。

4A.1　国別輸入表（仮設例）

　まず，図4-2に示される国別輸入表を以下のように簡略化したα国のβ_h国からの輸入表について考える。

表 4A-1　国別輸入表（α国のβ_h国からの輸入）

		α国					
		中間需要				最終需要	合計
		1	2	3	4		
β_h国	中間投入 1	15	10	5	5	25	60
	2	5	25	20	10	30	90
	3	15	15	55	40	15	140
	4	20	10	30	40	30	130
	合計	55	60	110	95	100	420

（出所）　筆者作成。

　表4A-1は，では4つの産業部門とひとつの最終需要項目のみからなると想定している。また，この表は，図4-1に示されるα国の国別分割前の輸入表を，(4.1)式で示される輸入額全体に占めるβ_h国のシェアで機械的に比例分割することにより得られたものとする。このとき，α国の各部門によるβ_h国からの輸入の需要構造は，表4A-2のようになる。

146

表 4A-2　輸入財の需要構造

			中間需要				最終需要	合計
			1	2	3	4		
β_h 国	中間投入	1	0.250	0.167	0.083	0.083	0.417	1.000
		2	0.056	0.278	0.222	0.111	0.333	1.000
		3	0.107	0.107	0.393	0.286	0.107	1.000
		4	0.154	0.077	0.231	0.308	0.231	1.000
	合計		0.131	0.143	0.262	0.226	0.238	1.000

（出所）　筆者作成。

4A.2　特別調査の結果の輸入表への反映

ここで，α 国において，第2節で説明したβ_h 国からの輸入に関する輸入財需要先調査を実施した結果，産業部門2の輸入財について，表 4A-3のような需要構造に関する情報が得られたとする。

表 4A-3　輸入財需要先調査の結果

α国

	中間需要				最終需要	合計
	1	2	3	4		
2	0.03	0.40	0.30	0.10	0.17	1.00

（出所）　筆者作成。

図 4A-1は，表 4A-3の特別調査の結果と表 4A-2の（特別調査を実施していない場合の）産業部門2の構造を比較したものである。

図 4A-1より，表 4A-2の輸入表における α 国の平均的な輸入構造と，表4A-3の調査の結果得られたβ_h 国からの実際の輸入構造の間には，大きなちがいがあることがわかる。

したがって，表 4A-3の調査結果を表 4A-1に反映させることにより，輸入表の構造を修正する必要がある。そのために，α 国の β_h 国の産業部門2からの輸入額90を，表 4A-3のシェアを用いて配分し直し，特別調査から得られた需要構造を反映させる（表 4A-4）。

第4章　輸入財需要先調査を通じた国別輸入表の作成　147

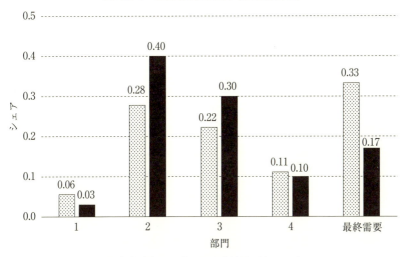

図 4A-1　需要構造の比較（産業部門2）

（出所）表 4A-2および表 4A-3より筆者作成。

表 4A-4　特別調査の結果の輸入表への反映

			α国					
			中間需要				最終需要	合計
			1	2	3	4		
β_h国	中間投入	1	15.0	10.0	5.0	5.0	25.0	60.0
		2	*2.7*	*36.0*	*27.0*	*9.0*	*15.3*	90.0
		3	15.0	15.0	55.0	40.0	15.0	140.0
		4	20.0	10.0	30.0	40.0	30.0	130.0
	合計		52.7	71.0	117.0	94.0	85.3	420.0

（出所）筆者作成。
（注）イタリックの数字は，表 4A-3に示される特別調査の結果を反映させた取引を表す。

表 4A-4より，産業部門2の特別調査の結果を反映させた結果，α国のβ_h国の各産業部門からの輸入額の合計値（列合計）は変わらないが，α国の各産業部門におけるβ_h国からの輸入額の合計値（行合計）はもとの表 4A-1と一致せず，バランスが崩れてしまうことになる。そこで，何らかの方法でバ

148

ランスを回復する必要がある。

4A.3　RAS 法によるバランス調整

ここでは，RAS 法を適用することにより，上記の表 4A-4における輸入表をバランスさせる方法について述べる。

表 4A-5および表 4A-6は，RAS 法により輸入表のバランス調整を行った結果である（RAS 法の方法論については，第 3 章第 2 節を参照のこと）[10]。表 4A-5は，特別調査の結果を反映した産業部門 2 の需要構造を，あくまでもサンプル調査による参考値とみなし，産業部門 2 の行も含めたすべての取引に RAS 法を適用した通常の RAS 法（「標準 RAS 法」）による計算結果である。

表 4A-5　輸入表の修正結果（標準 RAS 法）

| | | | α 国 | | | | |
| | | 中間需要 | | | | 最終需要 | 合計 |
		1	2	3	4		
β_h 国	中間投入 1	15.04	7.81	4.38	4.77	27.99	60.00
	2	3.04	31.54	26.56	9.64	19.22	90.00
	3	16.20	12.62	51.94	41.15	18.09	140.00
	4	20.70	8.06	27.14	39.43	34.67	130.00
	合計	54.99	60.02	110.02	95.00	99.98	420.00

（出所）　筆者作成。

表 4A-6　輸入表の修正結果（修正 RAS 法）

| | | | α 国 | | | | |
| | | 中間需要 | | | | 最終需要 | 合計 |
		1	2	3	4		
β_h 国	中間投入 1	15.08	6.54	4.33	4.78	29.27	60.00
	2	2.70	36.00	27.00	9.00	15.30	90.00
	3	16.46	10.71	51.92	41.75	19.16	140.00
	4	20.75	6.75	26.78	39.48	36.24	130.00
	合計	54.99	60.00	110.02	95.01	99.97	420.00

（出所）　筆者作成。

第4章　輸入財需要先調査を通じた国別輸入表の作成　149

一方，表 4A-6は，表 4A-3および表 4A-4に示される産業部門2の需要構造を，実際の調査に基づく現実の値として固定し，他の取引にのみ RAS 法を適用した「修正 RAS 法」による計算結果である[11]。いずれの方法を採用するかは，特別調査の信頼性に依存する。もしも，サンプルが大きい場合や，その産業において高いシェアを有するなど代表性をもつと思われる企業に対する調査が行われている場合など，特別調査の結果に十分な信頼性があると判断される場合には，産業部門2の需要構造を固定する修正 RAS 法が適していると考えられる。反対に，もしも十分なサンプルに対して調査を行うことができなかった場合や，その産業における代表的企業が調査対象から漏れている場合など，特別調査により，その産業の平均的な実態を把握するだけの十分な情報が得られたとは認め難いと判断される場合には，調査結果を反映した部門も調整対象に含める通常の RAS 法（標準 RAS 法）が適していると考えられる。

　これら調整後の輸入表の各取引額を，調整を行う前の輸入表（表 4A-1）における対応する取引額で除することにより，(4.3) 式で示した修正パラメーター$c_{ij}^{\alpha\beta_h}$) の値が得られる。

$$(4A.1) \qquad [c_{ij}^{\alpha\beta_h}] = \begin{array}{c} 1 \\ 2 \\ 3 \\ 4 \end{array} \begin{array}{ccccc} 1 & 2 & 3 & 4 & FD \\ \begin{bmatrix} 1.003 & 0.781 & 0.877 & 0.955 & 1.120 \\ 0.608 & 1.261 & 1.328 & 0.964 & 0.641 \\ 1.080 & 0.841 & 0.944 & 1.029 & 1.206 \\ 1.035 & 0.806 & 0.905 & 0.986 & 1.156 \end{bmatrix} \end{array}$$

$$(i = 1, \cdots, 4; j = 1, \cdots, 4, FD)$$

・・・　標準 RAS 法を適用した場合の修正パラメーター

$$(4A.2) \qquad [c_{ij}^{\alpha\beta_h}] = \begin{array}{c} 1 \\ 2 \\ 3 \\ 4 \end{array} \begin{array}{ccccc} 1 & 2 & 3 & 4 & FD \\ \begin{bmatrix} 1.005 & 0.654 & 0.865 & 0.957 & 1.171 \\ 0.540 & 1.440 & 1.350 & 0.900 & 0.510 \\ 1.097 & 0.714 & 0.944 & 1.044 & 1.278 \\ 1.038 & 0.675 & 0.893 & 0.987 & 1.208 \end{bmatrix} \end{array}$$

$$(i = 1, \cdots, 4; j = 1, \cdots, 4, FD)$$

・・・　修正 RAS 法を適用した場合の修正パラメーター

ただし，表側と表頭のラベルは，部門を表している（*FD* は最終需要）。

表 4A-5および表 4A-6より，表 4A-1の国別輸入表に，表 4A-3で示される特別調査の結果を反映した国別輸入表が得られたことになる。RAS法による調整の特徴などは，別途検討すべき課題であるが，本補論では，国別輸入表に第2節で検討した特別調査の結果を反映させる具体的な方法のひとつとして，RAS法を利用した方法を，簡単な数値例を用いて検討したわけである。

〔注〕————————————————

⑽　反復計算（イタレーション）の回数はいずれの場合も3回である。表 4A-1とRAS法による調整を行った表 4A-5および表 4A-6の行合計値の間には，若干の誤差がみられるが，その誤差は極めて小さく，また反復計算の回数を4回以上に増やしても誤差は縮小しないため，RAS法による調整は3回でほぼ収束したと考えて良い。

⑾　「標準 RAS 法」や「修正 RAS 法」という用語は，本章で便宜的に用いているものであり，必ずしも一般的に用いられる名称ではない。また，「修正 RAS法」などは，他の文献でもしばしば用いられることがあるが（たとえば Srisurapanon and Inamura 1996など），他で用いられる場合とは方法が異なっている可能性がある点に注意されたい。

第5章

アジア国際産業連関表の簡易延長推計

佐野　敬夫・玉村　千治・桑森　啓

はじめに

　本章では，第4章までに議論してきたアジア国際産業連関表（アジア表）の作成方法のひとつの応用として，アジア表の簡易延長推計を試みる。本書でみてきたとおり，アジア表の作成には，多くの困難が伴う。そこで，前章までで検討してきた作成上の諸課題をふまえ，困難を回避しつつアジア表を簡易推計する方法について検討する。具体的には，第3章で説明された「拡張RAS法」を2005年アジア表に適用し，第2章で検討した共通部門分類の設定方法なども参考にしつつ，2010年のアジア表の簡易延長推計を行う。

　以下では，まず，第1節において，今回使用した延長推計の方法である拡張RAS法について説明した後，第2節において，簡易延長推計に必要なデータの収集・推計について述べる。また，簡易延長推計した2010年のアジア表の推計結果を示す。最後に，拡張RAS法によるアジア表の簡易延長推計の特徴と課題について述べる。なお，章末では「参考」として，本章で簡易推計した2010年アジア表の読み取りを，2005年アジア表との比較において行った結果について報告している。

第1節　アジア国際産業連関表の簡易延長推計の概要

本節では，簡易延長推計の概要について説明を行う。まず，作成する簡易
延長表の概要について述べた後，推計方法として用いる「拡張 RAS 法」に
ついて説明する。

1．簡易延長表の概要

本章では，2005年アジア国際産業連関表を基準年次の表として用い，2010
年の延長表を作成することを試みる。作成する簡易延長表の概要は表5-1の
とおりである。

対象年次として2010年を選択したのは，他の年次と比較して，利用可能な
データが豊富であったためである。対象国数や最終需要項目数，付加価値項
目数などは基本的に2005年アジア表と同じであるが，2005年アジア表では外
生国として計上されていた EU については，後で述べるとおり，データの問
題から，今回は「その他世界」に含めることとした。

表 5-1　延長表の概要

対象年次	2010年
内生国数	10 （インドネシア，マレーシア，フィリピン，シンガポール，タイ，中国，台湾，韓国，日本，米国）
外生国・地域数	3 （インド，香港，その他世界）
内生部門数	16 [注]
最終需要項目数	4
付加価値項目数	4

（出所）　筆者作成。
（注）　部門分類については，本章末尾の付表を参照。

2. 2010年アジア国際産業連関表の延長推計手法：拡張 RAS 法

ここでは，表 5-1に示されるアジア表の2010年簡易延長表を作成するために適用した「拡張 RAS 法」について，そのプログラムの構成に沿って説明を行う。アジア表の延長推計に適用する拡張 RAS 法は，第3章3節で紹介した一国表の拡張 RAS 法と基本的には同じであり，一国表がアジア表（国際表）に置き換わっただけである。したがって，ここでは簡単にそのプログラムの概要を述べるにとどめ，詳細については，第3章3節に譲ることとする[1]。

(1) 延長推計プログラムの概要

プログラムの概要は，図 5-1に示すとおりである。

基準年次の2005年アジア表や対象年次である2010年の外生値および付加的情報などを4つの入力ファイルとして与え拡張 RAS 法を実行すると，2010年の延長表と拡張 RAS 法のパフォーマンスなどを表示したファイルが出力

図 5-1 拡張 RAS 法による延長推計プログラムの概要

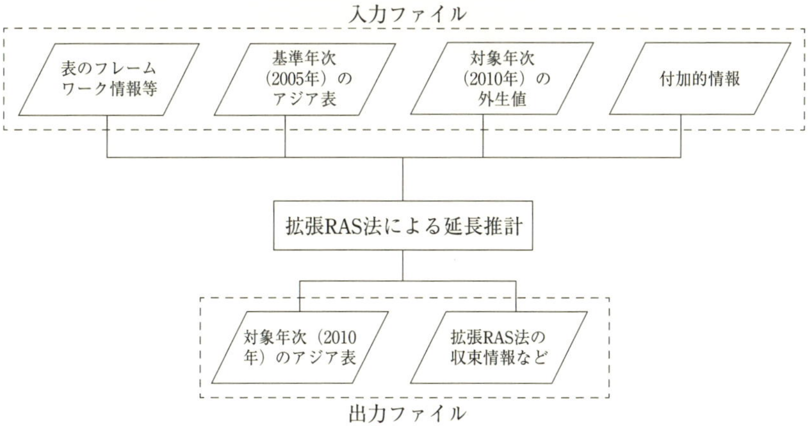

（出所） 筆者作成。

ファイルとして生成される。以下では，入力ファイルと出力ファイルの詳細について述べる。

(2)　入力ファイル

ここでは，拡張 RAS 法による延長推計のために必要となる情報について述べる。必要となる情報は，以下の①～④の 4 つから構成され，それぞれ独立したファイルとして与えられる。

①　国際産業連関表のフレームワーク等

拡張 RAS 法のプログラムで扱う国際産業連関表のフレームワークは表 5-2 に示すとおりである。表 5-2に示されているのは，一般的な国際産業連関表のフレームワーク情報であるため，このプログラムでアジア表を扱うためには，一般的な国際産業連関表とアジア表の関係を与える必要がある。これは，以下の (i) ～(iii) により与えられる。カッコ内の数値やアルファベットは，今回作成する2010年アジア表の延長推計に際して与えた部門数や国数，国コードである。なお，これは，基準年次（2005年）と対象年次（2010年）の両方のアジア表に適用される。

また，このファイルにおいて RAS 法の制御情報も与えられる。これは，以下の (iv) に示してある。カッコ内の数値は，2010年アジア表の延長推計に際して適用した条件である。(iv) の「最大繰り返し回数」が50（回）であるとは，RAS 法による反復計算（イタレーション）を最大50回行うことを意味している。「収束の判定値」が10^{-6}であるとは，すべての部門において，誤差が0.000001未満になった時点で RAS 法による調整が収束したとみなして計算を終了することを意味している。

(i) 部門情報（表 5-1参照）
・内生部門数（16）
・付加価値項目数（4）

第5章 アジア国際産業連関表の簡易延長推計　155

表 5-2　国際産業連関表のフレームワーク

行コード	名　称	列コード	名　称
AB001	中間投入（B国）	AB001	中間産出（B国）
:		:	
ABnnn		ABnnn	
AB900	計	AB900	計
:		:	
:		:	
AU001	中間投入（U国）	AU001	中間産出（U国）
:		:	
AUnnn		AUnnn	
AU900	計	AU900	計
BF001	国際運賃・保険料	ET900	中間産出計
CH001	外生国からの輸入（H国）	FB001	B国国内最終需要
:		:	
CHnnn		FBnfd	
CH900	計	FB900	計
:		:	
:		:	
CW001	外生国からの輸入（W国）	FU001	U国国内最終需要
:		↓	
CWnnn		FUnfd	
CW900	計	FU900	計
DT001	関税・輸入品商品税		
ET900	中間投入計		
VV001	付加価値	LH001	外生国への輸出（H国）
		:	
VVnva		LW001	外生国への輸出（W国）
VV900	計	LX900	計
XX600	総投入（CT）	XX600	総産出（CT）
XX700	総計（計算による）	XX700	総計（計算による）
XX800	誤差（XX700-XX600）	XX800	誤差（XX700-XX600）

（出所）　佐野（2011）。

（注）　nnn：内生部門数

　　　　nfd ：国内最終需要項目数

　　　　nva：付加価値項目数

・国内最終需要項目数（4）

(ii) 内生国情報（表 5-1参照）
・内生国数（10）
・内生国コード（CIJKMNPSTU）

> 内生国コード
> C：中国，I：インドネシア，J：日本，K：韓国，M：マレーシア，
> N：台湾，P：フィリピン，S：シンガポール，T：タイ，U：米国

(iii) 外生国情報（表 5-1参照）
・外生国数（3）
・外生国コード（GHW）

> 外生国コード
> G：インド，H：香港，W：その他世界

(iv) RAS 法の制御情報
・最大繰り返し回数（50）
・収束の判定値（10^{-6}）

② 基準年次（2005年）のアジア表

RAS 法による調整に際して構造を使用する基準年次の表として，2005年アジア表を与える。表 5-1に示すとおり，今回の延長推計においては16部門の表を作成するため，基準年次の2005年アジア表も16部門に統合したものを用いる。

③　対象年次（2010年）の外生値

このファイルにおいて，第2節で推計する対象年次（2010年）の外生値を与える[2]。表 5-2においては XX600行と XX600列に該当する。

行方向の外生値（XX600行）は，国別部門別国内生産額（総投入），国別項目別最終需要額，内生国から外生国・地域への輸出総額により構成される。

列方向の外生値（XX600列）は，国別部門別国内生産額（総産出），内生国間の輸入にかかる国際運賃・保険料の総額，内生国の外生国・地域からの部門別輸入総額，内生国の輸入にかかる関税・輸入品商品税の総額，項目別付加価値総額により構成される。

④　付加的情報

対象年次のアジア表の中で，特定の取引（セル）の数値や特定範囲の合計値を固定したい場合に，セルや範囲と固定する数値を指定するファイルである。本プログラムにおける拡張 RAS 法では，セルや範囲の数値の固定は，RAS 法による毎回の列方向の調節と行方向の調節の後で行われる。今回，このファイルで与えた情報は非常に多いが，それらについては次節で述べる。

(3)　出力ファイル

上述の入力ファイルを用いて拡張 RAS 法のプログラムを実行することにより，図 5-1に示されるとおり，以下のふたつの結果が出力ファイルとして得られる。

①　対象年次の延長アジア国際産業連関表

主要な結果である延長推計された対象年次のアジア表が生成・出力される。今回の場合は，16部門の2010年アジア表が出力される。このファイルは入力ファイルにおける RAS 法の制御情報において設定した収束条件（誤差が10^{-6}未満）を満たした場合か，最大繰り返し回数（50回）に達した場合に出力される。

② 拡張 RAS 法の収束情報等

このファイルには，以下の拡張 RAS 法の収束情報やエラーメッセージなどが表示される。

(i)　入力データにエラーがあった場合，警告が表示される。

(ii)　RAS 法の収束状況が出力される。具体的には，列側および行側で最大誤差をもつ部門とその誤差が表示される。

(iii)　拡張 RAS 法の終了時に収束条件を満たしていない部門とその誤差率が表示される。

第 2 節　2010年アジア国際産業連関表の簡易延長推計

本節では，第 1 節で説明した拡張 RAS 法を用いて，アジア表の2010年簡易延長表を作成する。まず，延長推計に必要なデータの収集・推計について説明を行い，実際に延長推計を行った結果を示す。

1. 簡易延長推計に必要なデータの収集・推計

まず，延長推計に用いるデータについて述べる。第 1 節で説明したように，アジア表の拡張 RAS 法による延長推計は，おもに①外生値と，②付加的情報のふたつの情報を用いて行われる。以下では，このふたつの情報の収集・推計について説明する。

(1)　外生値の収集・推計

拡張 RAS 法を適用するためには，外生値として図 5-2の網掛け部分で示される以下のデータを収集・推計する必要がある。

図 5-2　2010年アジア国際産業連関表の簡易延長推計に必要な外生値

コード	中間需要 (A) インドネシア (AI)	マレーシア (AM)	フィリピン (AP)	シンガポール (AS)	タイ (AT)	中国 (AC)	台湾 (AN)	韓国 (AK)	日本 (AJ)	米国 (AU)	最終需要 (F) インドネシア (FI)	マレーシア (FM)	フィリピン (FP)	シンガポール (FS)	タイ (FT)	中国 (FC)	台湾 (FN)	韓国 (FK)	日本 (FJ)	米国 (FU)	輸出 (L) 香港への輸出 (LH)	インドへの輸出 (LG)	他の世界への輸出 (LW)	総産出 (XX)
インドネシア (AI)	A^{II}	A^{IM}	A^{IP}	A^{IS}	A^{IT}	A^{IC}	A^{IN}	A^{IK}	A^{IJ}	A^{IU}	F^{II}	F^{IM}	F^{IP}	F^{IS}	F^{IT}	F^{IC}	F^{IN}	F^{IK}	F^{IJ}	F^{IU}	L^{IH}	L^{IG}	L^{IW}	X^I
マレーシア (AM)	A^{MI}	A^{MM}	A^{MP}	A^{MS}	A^{MT}	A^{MC}	A^{MN}	A^{MK}	A^{MJ}	A^{MU}	F^{MI}	F^{MM}	F^{MP}	F^{MS}	F^{MT}	F^{MC}	F^{MN}	F^{MK}	F^{MJ}	F^{MU}	L^{MH}	L^{MG}	L^{MW}	X^M
フィリピン (AP)	A^{PI}	A^{PM}	A^{PP}	A^{PS}	A^{PT}	A^{PC}	A^{PN}	A^{PK}	A^{PJ}	A^{PU}	F^{PI}	F^{PM}	F^{PP}	F^{PS}	F^{PT}	F^{PC}	F^{PN}	F^{PK}	F^{PJ}	F^{PU}	L^{PH}	L^{PG}	L^{PW}	X^P
シンガポール (AS)	A^{SI}	A^{SM}	A^{SP}	A^{SS}	A^{ST}	A^{SC}	A^{SN}	A^{SK}	A^{SJ}	A^{SU}	F^{SI}	F^{SM}	F^{SP}	F^{SS}	F^{ST}	F^{SC}	F^{SN}	F^{SK}	F^{SJ}	F^{SU}	L^{SH}	L^{SG}	L^{SW}	X^S
タイ (AT)	A^{TI}	A^{TM}	A^{TP}	A^{TS}	A^{TT}	A^{TC}	A^{TN}	A^{TK}	A^{TJ}	A^{TU}	F^{TI}	F^{TM}	F^{TP}	F^{TS}	F^{TT}	F^{TC}	F^{TN}	F^{TK}	F^{TJ}	F^{TU}	L^{TH}	L^{TG}	L^{TW}	X^T
中国 (AC)	A^{CI}	A^{CM}	A^{CP}	A^{CS}	A^{CT}	A^{CC}	A^{CN}	A^{CK}	A^{CJ}	A^{CU}	F^{CI}	F^{CM}	F^{CP}	F^{CS}	F^{CT}	F^{CC}	F^{CN}	F^{CK}	F^{CJ}	F^{CU}	L^{CH}	L^{CG}	L^{CW}	X^C
台湾 (AN)	A^{NI}	A^{NM}	A^{NP}	A^{NS}	A^{NT}	A^{NC}	A^{NN}	A^{NK}	A^{NJ}	A^{NU}	F^{NI}	F^{NM}	F^{NP}	F^{NS}	F^{NT}	F^{NC}	F^{NN}	F^{NK}	F^{NJ}	F^{NU}	L^{NH}	L^{NG}	L^{NW}	X^K
韓国 (AK)	A^{KI}	A^{KM}	A^{KP}	A^{KS}	A^{KT}	A^{KC}	A^{KN}	A^{KK}	A^{KJ}	A^{KU}	F^{KI}	F^{KM}	F^{KP}	F^{KS}	F^{KT}	F^{KC}	F^{KN}	F^{KK}	F^{KJ}	F^{KU}	L^{KH}	L^{KG}	L^{KW}	X^K
日本 (AJ)	A^{JI}	A^{JM}	A^{JP}	A^{JS}	A^{JT}	A^{JC}	A^{JN}	A^{JK}	A^{JJ}	A^{JU}	F^{JI}	F^{JM}	F^{JP}	F^{JS}	F^{JT}	F^{JC}	F^{JN}	F^{JK}	F^{JJ}	F^{JU}	L^{JH}	L^{JG}	L^{JW}	X^J
米国 (AU)	A^{UI}	A^{UM}	A^{UP}	A^{US}	A^{UT}	A^{UC}	A^{UN}	A^{UK}	A^{UJ}	A^{UU}	F^{UI}	F^{UM}	F^{UP}	F^{US}	F^{UT}	F^{UC}	F^{UN}	F^{UK}	F^{UJ}	F^{UU}	L^{UH}	L^{UG}	L^{UW}	X^U
国際運賃・保険料 (BF)	BA^I	BA^M	BA^P	BA^S	BA^T	BA^C	BA^N	BA^K	BA^J	BA^U	BF^I	BF^M	BF^P	BF^S	BF^T	BF^C	BF^N	BF^K	BF^J	BF^U				BF
香港からの輸入 (CH)	A^{HI}	A^{HM}	A^{HP}	A^{HS}	A^{HT}	A^{HC}	A^{HN}	A^{HK}	A^{HJ}	A^{HU}	F^{HI}	F^{HM}	F^{HP}	F^{HS}	F^{HT}	F^{HC}	F^{HN}	F^{HK}	F^{HJ}	F^{HU}				CH
インドからの輸入 (CG)	A^{GI}	A^{GM}	A^{GP}	A^{GS}	A^{GT}	A^{GC}	A^{GN}	A^{GK}	A^{GJ}	A^{GU}	F^{GI}	F^{GM}	F^{GP}	F^{GS}	F^{GT}	F^{GC}	F^{GN}	F^{GK}	F^{GJ}	F^{GU}				CG
その他世界からの輸入 (CW)	A^{WI}	A^{WM}	A^{WP}	A^{WS}	A^{WT}	A^{WC}	A^{WN}	A^{WK}	A^{WJ}	A^{WU}	F^{WI}	F^{WM}	F^{WP}	F^{WS}	F^{WT}	F^{WC}	F^{WN}	F^{WK}	F^{WJ}	F^{WU}				CW
輸入関税及び輸入商品税 (DT)	DA^I	DA^M	DA^P	DA^S	DA^T	DA^C	DA^N	DA^K	DA^J	DA^U	DF^I	DF^M	DF^P	DF^S	DF^T	DF^C	DF^N	DF^K	DF^J	DF^U				DT
付加価値 (VV)	V^I	V^M	V^P	V^S	V^T	V^C	V^N	V^K	V^J	V^U														V
総投入 (XX)	X^I	X^M	X^P	X^S	X^T	X^C	X^N	X^K	X^J	X^U														

（出所）　筆者作成。

（注）　網掛けの部分が、拡張 RAS の適用に必要な外生値である。

①	国別部門別国内生産額（X^I … X^U）
②	国別項目別最終需要額（FI … FU）
③	内生国から外生国・地域への輸出総額（LH LG LW）
④	内生国の外生国・地域からの部門別輸入総額（CH CG CW）
⑤	内生国間の輸入にかかる国際運賃・保険料の総額（BF）
⑥	輸入にかかる輸入関税・輸入品商品税の総額（DT）
⑦	項目別付加価値総額（V）

以下では，それぞれの外生値の収集・推計について述べる。

① 国別部門別国内生産額（X^I … X^U）

表 5-3は，国別部門別国内生産額の推計に用いたデータを示したものである。部門別の国内生産額は，対象年次である2010年の産業連関表（延長表を含む）を利用することができる国については，可能なかぎり各国の産業連関表（各国表）を利用した。対象年次の産業連関表を利用できない国（フィリピン，台湾）については，経済協力開発機構（Organisation for Economic Cooperation and Development, OECD）が推計・公開している National Input-Output Tables のデータベースを利用した。また，政府機関（統計局）が作成した表と OECD の表の両方が示してあるインドネシアは，政府機関の表の情報だけでは不十分なため，OECD のデータも併用して補完していることを意味している。

付表に示す簡易延長表の共通部門分類である16部門の国内生産額を推計するためには，表 5-3に示す各国の表の部門分類を16部門と対応づける必要がある。そのため，各国の部門分類と，アジア表の76部門共通分類との対応表を作成した上で，16部門に集計することにより，部門別の国内生産額を推計した。各国表の部門分類と16部門とを直接対応づけするのではなく，いったん76部門共通分類を介する理由は，第 2 章で検討したように，76部門共通部門分類については厳密な部門定義がなされており，各国表の部門との正確な

表 5-3　国別部門別国内生産額の推計に用いたデータ

国　名	作成機関	対象年次	部門数 (行×列)	備考
インドネシア	中央統計庁 (BPS)	2010	185×185	基本表
	経済協力開発機構 (OECD)	2010	33×33	
マレーシア	国家統計局 (DOS)	2010	124×124	基本表
フィリピン	経済協力開発機構 (OECD)	2010	33×33	
シンガポール	国家統計局 (DOS)	2010	136×136	基本表
タ　イ	国家経済社会開発庁 (NESDB)	2010	180×180	基本表
中　国	国家統計局 (NBS)	2010	41×41	延長表
台　湾	経済協力開発機構 (OECD)	2010	33×33	
韓　国	韓国銀行 (BOK)	2010	161×161	基本表
日　本	経済産業省 (METI)	2010	518×405	延長表
米　国	労働省経済センサス局 (BEA)	2010	71×71	U 表およびV 表

（出所）　筆者作成。

対応づけが可能であるためである。なお，一部の国において，簡易延長推計表の16部門において異なる部門に分類される「革製品」と「履物（footwear）」および「ゴム（Rubber）」と「プラスチック製品（Plastic products）」それぞれがひとつの部門として計上されていたが，分割する情報が得られないため，前者は「繊維製品（Textile）」に，後者は「化学製品（Chemical Products）」に，それぞれ分類せざるを得なかった。

162

② 国別項目別最終需要額（*FI* … *FU*）

各国の最終需要額については，「個人消費支出」（Private Consumption Expenditure, PCE），「政府消費」（Government Consumption Expenditure, GCE），「国内総固定資本形成」（Gross Fixed Capital Formation, GFCF）および「在庫変動」（Changes in Stocks, CIS）の4項目について，表 5-3に示す各国表および OECD の産業連関表より収集した。

③ 内生国から外生国・地域への輸出総額（*LH LG LW*）

内生国から外生国・地域への輸出総額については，以下のとおり収集・推計した。

まず，財輸出については，国連の UN Comtrade Database より，各内生国から外生国・地域（香港，インド，EU，その他世界）への輸出総額（F.O.B. 価格）を抽出することにより計算した。また，UN Comtrade Database からは，EU への輸出額を直接抽出することはできなかったため，今回は EU への輸出総額はゼロとし，「その他世界への輸出」に含めることとした。

サービス輸出については，国際通貨基金（International Monetary Fund, IMF）の国際収支統計（Balance of Payments Statistics, BOP）から各内生国の輸出額を収集した。台湾については，アジア開発銀行（Asian Development Bank, ADB）の Key Indicators を利用した。ただし，BOP や Key Indicators から得られるのは，各国のサービス輸出の総額のみであり，相手国別のサービス輸出額は知ることができないため，「その他世界への輸出」として一括計上した。

④ 内生国の外生国・地域からの部門別輸入総額（*CH CG CW*）

内生国の外生国・地域からの部門別輸入総額については，以下の手順で計算した。

まず，財輸入については，上記の輸出総額と同様，国連の UN Comtrade Database より，各内生国の輸入総額（C.I.F. 価格）を HS4桁ベースで抽出する。HS4桁分類は，1253品目あるため，今回の簡易延長表の16部門に集計する必

要がある。そこで，HS4桁分類とアジア表共通部門分類（76部門）の対応表を作成した上で16部門に統合した。なお，「その他世界からの輸入」についても，輸出の場合と同じ方法で計算した。また，「EUからの輸入」についても，輸出の場合と同様，輸入額を直接抽出することはできなかったため，「その他世界からの輸入」に含めることとした。

サービス輸入については，輸出の場合と同様に，IMFのBOPとADBのKey Indicatorsから得られる各国のサービス輸入額を利用した。輸入についても，相手国別および部門別のサービス輸入額は得られないため，「その他世界からの輸入」における「016 その他サービス」に一括計上した。

⑤　内生国間の輸入にかかる国際運賃・保険料の総額（*BF*）

国際運賃・保険料率は，アジア表の作成において最も入手することが困難なデータのひとつである。2010年についても，各国の輸入にかかる国際運賃・保険料に関する情報を得ることは困難であるため，2005年アジア表を用いて，以下の手順で推計した。

まず，国際運賃・保険料率は2005年から変化しないと仮定し，2005年における各内生国の他の内生9カ国からの輸入にかかる国際運賃・保険料（International Freight and Insurance: FI）の総額を，内生9カ国からの輸入総額で除することにより，国際運賃・保険料率の平均値を計算した。

つぎに，上で算出した国際運賃・保険料率に，UN Comtrade Databaseより取得した各内生国の他の内生9カ国からの2010年の輸入額を乗じることにより，各内生国の国際運賃・保険料額が計算される。

最後に，各内生国の国際運賃・保険料額を足し上げることにより，外生値としての国際運賃・保険料の総額が求められる。

⑥　輸入にかかる輸入関税・輸入品商品税の総額（*DT*）

輸入関税・輸入品商品税についても，国際運賃・保険料の場合と同様，十分な情報を得ることは困難であるため，2005年アジア表を用いて，以下の手

順で推計した。

まず，輸入関税・輸入品商品税は2005年から変化しないと仮定し，2005年における各内生国の輸入にかかる輸入関税・輸入品商品税の総額を，各内生国の輸入総額で除することにより，輸入関税・輸入品商品税率の平均値を計算した。

つぎに，上で算出した輸入関税・輸入品商品税率を，UN Comtrade Database より取得した各内生国の2010年の輸入額に乗じることにより，輸入関税・輸入品商品税額を計算する。

各内生国の輸入関税・輸入品商品税を足し上げることにより，外生値としての輸入関税・輸入品商品税の総額が求められる。

⑦　項目別付加価値総額（V）

付加価値額については，国内生産額と同様，各国の産業連関表より収集した。表 5-2に示される産業連関表より，「雇用者報酬」（Compensation for Employees），「営業余剰」（Operating Surplus, OS），「資本減耗」（Depreciation）および「純間接税」（Indirect Taxes less Subsidies）の4項目の金額を推計し，各項目の値を足し上げることにより推計した。ただし，いくつかの内生国については，資本減耗が分離されておらず，この項目の値をゼロとせざるを得なかった。

(2)　二面等価の成立

図 5-2からも明らかなとおり，上で推計した外生値の間には，以下の行合計と列合計が等しい，すなわち二面等価の関係が成立している必要がある。

（国内生産額合計）＋（最終需要額合計）＋（内生国から外生国への輸出合計）
　＝（国内生産額合計）＋（国際運賃・保険料合計）＋（内生国の外生国からの
　輸入合計）＋（輸入関税・輸入商品税合計）＋（付加価値額合計）

上の等式は，図 5-2の記号を用いて次のように表現することができる。

$$(5.1) \quad (X^I + \cdots + X^U) + (FI + \cdots + FU) + (LH + LG + LW)$$
$$= (X^I + \cdots + X^U) + BF + (CH + CG + CW) + DT + V$$

　しかし，異なるデータから収集・推計された外生値が，必ずしも（5.1）式を満たしているとは限らない。したがって，二面等価が成立するように，調整を行う必要がある。今回の簡易延長推計に際しては，内生国ごとに行合計と列合計を計算し，生じた誤差を各国の「その他世界への輸出」および「その他世界からの輸入」に計上されている「サービス輸出」および「サービス輸入」で吸収することにより，国ごとに二面等価が成立するように調整を行った。

(3) 付加的情報の収集・推計

　上で推計した外生値以外にも，以下の項目についてはデータを得ることが可能である。したがって，より正確な延長推計のために，付加的情報として与えることとした。

---

① 　国別項目別部門別付加価値額
② 　内生国から外生国・地域への国別部門別輸出額（生産者価格）
③ 　内生国の他の内生国からの国別部門別輸入額（生産者価格）

　以下では，各データの収集・推計方法について述べる。

① 　国別項目別部門別付加価値額

　外生値の項目別付加価値総額は，表 5-3の各国の産業連関表より得られる各国の項目別付加価値額を足し上げることにより計算したものであるから，足し上げる前の各国の項目別付加価値額についても付加的情報として固定することにより，より正確な推計が可能となる。さらに，上で述べたとおり，国別部門別国内生産額（X^I … X^U）の推計に際し，各国表を16部門に統合しているため，各付加価値項目について部門別の付加価値額も得られる。し

たがって，これらの数値を付加的情報として与えることにより，付加価値における
すべての取引額（セルの値）を確定することができる。

② 内生国から外生国・地域への部門別輸出額（生産者価格）

内生国から外生国・地域への部門別輸出額（生産者価格）は，以下の手順で推計を行った。

＜ステップ１：国別部門別輸出額（F.O.B. 価格）の推計＞

財輸出については，各内生国の外生国・地域への輸出額（F.O.B. 価格）を，UN Comtrade Database より HS4桁で抽出する。つぎに，HS4桁分類（1253品目）とアジア表共通部門分類（76部門）の対応表（コンバータ）を作成した上で16部門に統合することにより，部門別の輸出額（F.O.B. 価格）が得られる（図 5-3）。

サービス輸出については，外生値の推計に際して，IMF の BOP および ADB の Key Indicators から，各内生国のサービス輸出額を足し上げて，「LW001 その他世界への輸出」に計上しているため，足し上げる前の各内生国のサービス輸出額を付加的情報として与えて固定することにより，より厳密な推計が可能となる。そのため，各内生国の「LW001 その他世界への輸出」における「016 その他サービス」に，付加的情報としてサービス輸出額を計上した。

＜ステップ２：国別部門別輸出額（生産者価格）の推計＞

アジア表における外生国・地域への輸出は生産者価格で評価されているため，上で推計した F.O.B. 価格の国別部門別輸出額から，国内運賃・国内商業マージン（Domestic Transport Cost and Domestic Trade Margin, TTM）を「剝ぎ取って」，生産者価格に変換する必要がある。そのため，以下の方法で TTM

第5章 アジア国際産業連関表の簡易延長推計　167

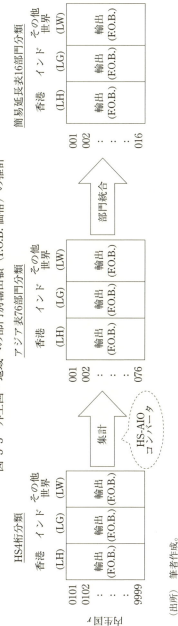

図 5-3　外生国・地域への部門別輸出額（F.O.B.価格）の推計

(出所)　筆者作成。

図 5-4　輸出に掛かる国内運賃・国内商業マージン（TTM）の推計

(出所)　筆者作成。

を推計し，その結果を用いて輸出額の生産者価格化を行った。

対象年次である2010年のTTMのデータは，表 5-3に示される各国の産業連関表からは断片的にしか得ることができないため，16部門に統合した2005年アジア表を用いて，以下の手順で推計した。

まず，輸出に占めるTTMの割合は2005年から変化しないと仮定し，2005年における各内生国から各外生国・地域への輸出における「015 商業・運輸」の金額を，各外生国・地域への輸出総額で除することにより，TTM率の国別平均値を計算した。

得られたTTM率の国別平均値を，上で収集した2010年のF.O.B.価格評価の国別部門別輸出額に乗じることにより，部門別のTTM額を計算することができる（図 5-4）。

最後に，求められた国別部門別TTMをF.O.B.価格の国別部門別輸出額から差し引くことにより，生産者価格の国別部門別輸出額が得られる（図 5-5）。

さらに，図 5-4において得られたTTMを，すべての部門iについて足し上げ国別部門輸出ベクトルの「015 商業・運輸」に計上することにより，生産者価格評価の国別部門別輸出ベクトルが完成する（図 5-6）。

④他の内生国からの国別部門別輸入額（生産者価格）

他の内生国からの部門別輸入額（生産者価格）は，以下の手順で推計を行った。

＜ステップ 1 ：国別部門別輸入額（C.I.F. 価格）の推計＞

財輸入については，各内生国の他の内生 9 カ国からの輸入額（C.I.F. 価格）を，UN Comtrade Databaseより HS4桁で抽出する。つぎに，輸出の場合と同様，HS4桁分類（1253品目）とアジア表共通部門分類（76部門）の対応表（コンバータ）を作成した上で16部門に統合することにより，部門別の輸入額（C.I.F. 価格）が得られる（図 5-7）。

第5章 アジア国際産業連関表の簡易延長推計　169

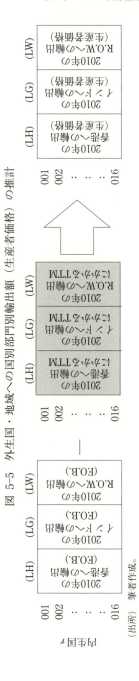

図 5-5　外生国・地域への国別部門別輸出額（生産者価格）の推計

(出所)　筆者作成。

170

図 5-6　国別部門別輸出額（生産者価格）の推計

(1)　国内運賃・国内商業マージンの足し上げ

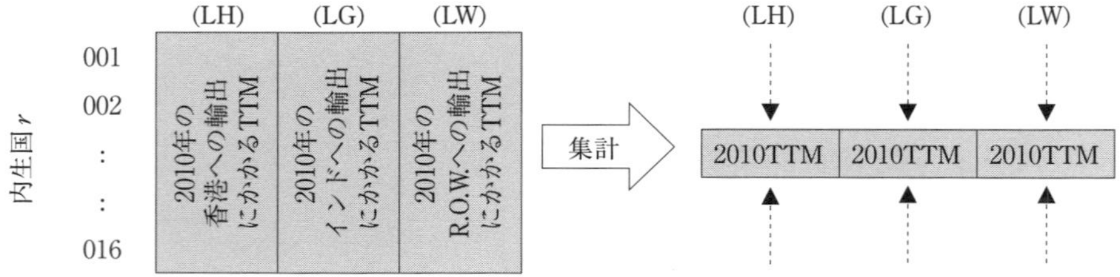

内生国 r

	(LH)	(LG)	(LW)
001	2010年の 韓国への輸出 にかかるTTM	2010年の インドへの輸出 にかかるTTM	2010年の R.O.W.への輸出 にかかるTTM
002			
:			
:			
016			

集計

(LH)	(LG)	(LW)
2010TTM	2010TTM	2010TTM

(2)　国内運賃・国内商業マージンの足し込み

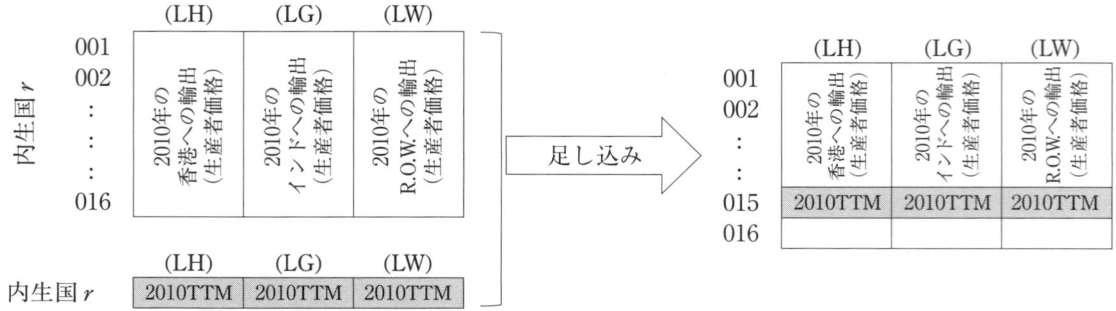

内生国 r

	(LH)	(LG)	(LW)
001	2010年の 韓国への輸出 （生産者価格）	2010年の インドへの輸出 （生産者価格）	2010年の R.O.W.への輸出 （生産者価格）
002			
:			
:			
016			

足し込み

	(LH)	(LG)	(LW)
001	2010年の 韓国への輸出 （生産者価格）	2010年の インドへの輸出 （生産者価格）	2010年の R.O.W.への輸出 （生産者価格）
002			
:			
015			
016			

内生国 r

(LH)	(LG)	(LW)
2010TTM	2010TTM	2010TTM

（出所）筆者作成。

第5章 アジア国際産業連関表の簡易延長推計　171

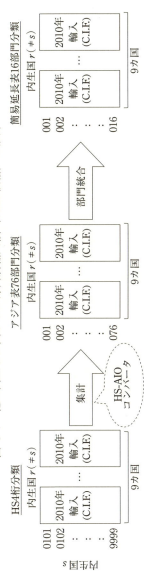

図 5-7　他の内生9カ国からの部門別輸入額（C.I.F. 価格）の推計

(出所) 筆者作成。

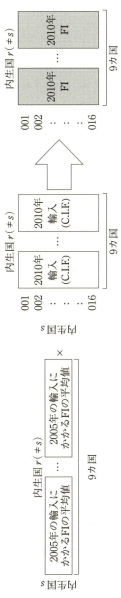

図 5-8　国別部門別国際運賃・保険料 (FI) の推計

(出所) 筆者作成。

＜ステップ2：国別部門別輸入額（F.O.B. 価格）の推計＞

アジア表における内生国間の輸入は生産者価格で評価されているため，上
で推計した C.I.F. 価格の国別部門別輸入額から，国際運賃・保険料（International Freight and Insurance, FI）および国内運賃・国内商業マージン（Domestic Transport Cost and Domestic Trade Margin, TTM）を「剥ぎ取って」，生産者価格
に変換する必要がある。そのため，まず C.I.F. 価格評価の国別部門別輸入額
から，国際運賃・保険料を剥ぎ取ることにより，F.O.B. 価格の国別部門別輸
入額を推計する。

国際運賃・保険料については，2005年アジア表から，外生値の推計におい
て求められた2005年の各内生国の輸入にかかる国際運賃・保険料率の平均値
を利用し，2010年の各国の輸入額に乗じることにより，他の内生国からの輸
入額にかかる国際運賃・保険料が求められる（図 5-8）。

図 5-8により求められた国別部門別の国際運賃・保険料を C.I.F. 価格の国
別部門別輸入額から差し引くことにより，F.O.B. 価格の国別部門別輸入額が
得られる（図 5-9）。

＜ステップ3：国別部門別輸入額（生産者価格）の推計＞

上で得られた F.O.B. 価格の国別部門別輸入額から，TTM を「剥ぎ取って」，
生産者価格に変換する。そのため，国別部門別輸出の場合と同様の方法で
TTM を推計し，生産者価格化を行った。

まず，輸入に占める TTM の割合は2005年から変化しないと仮定し，2005
年における各内生国の他の内生各国からの輸入における「015 商業・運輸」
の金額を，各内生国からの輸入総額で除することにより，輸入にかかる
TTM 率の国別平均値を計算した。

つぎに，得られた TTM 率を，上で推計した2010年の F.O.B. 価格評価の国
別部門別輸入額に乗じることにより，部門別の TTM 額を計算することがで

第 5 章　アジア国際産業連関表の簡易延長推計　173

図 5-9　国別部門別輸入額（F.O.B. 価格）の推計

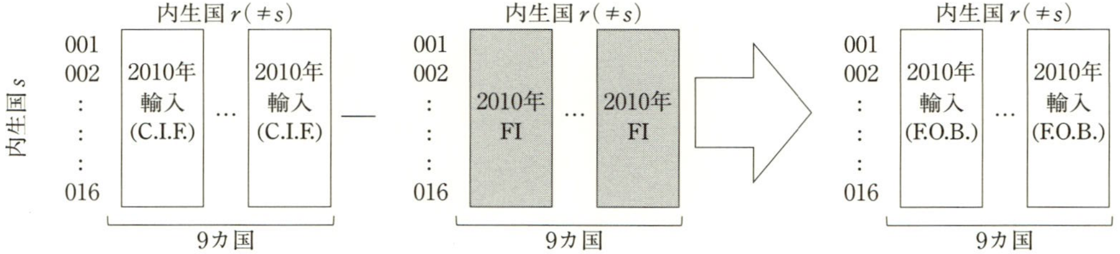

図 5-10　輸入にかかる国内運賃・国内商業マージン（TTM）の推計

（出所）　筆者作成。

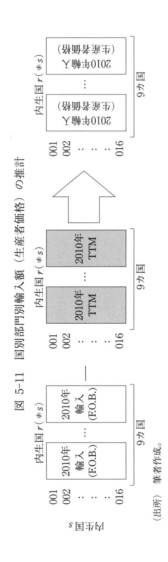

図 5-11 国別部門別輸入額（生産者価格）の推計

(出所) 筆者作成。

図 5-12　国別部門別輸入額（生産者価格）の推計

(1) 輸入にかかる国内運賃・国内商業マージンの足し上げ

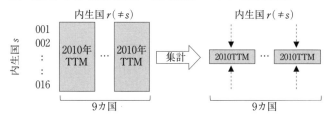

(2) 国内運賃・国内商業マージンの足し込み

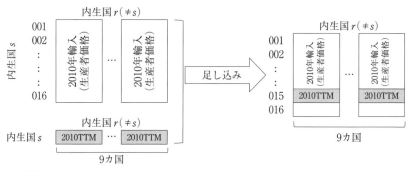

（出所）　筆者作成。

きる（図 5-10）。

　得られた国別部門別 TTM（図 5-10参照）を F.O.B. 価格の国別部門別輸入額から差し引くことにより，生産者価格の国別部門別輸入額が得られる（図 5-11）。

　さらに，求めた TTM を，すべての部門 i について足し上げ国別部門輸入ベクトルの「015 商業・運輸」に計上することにより，生産者価格評価の国別部門別輸入ベクトルが完成する（図 5-12）。

2．拡張 RAS 法の適用による簡易延長推計

　上で推計した外生値および付加的情報を用いて，2005年アジア表に第 1 節

で説明した拡張 RAS 法を適用し，2010年アジア表の簡易延長表の推計を行った。しかし，延長推計の過程では，いくつかの問題が発生したため，その都度修正を施した上で拡張 RAS 法を適用し直した。ここでは，主要な問題とその対応について述べる。

第1に，基準年次の表として使用した2005年アジア表にマイナス値が存在するため，RAS 法の収束条件が満たされず，特定の部門に歪みが集中してしまうことである。たとえば，2005年アジア表における最終需要項目の

表 5-4　2010年アジア国際産業連関表

		中間需要 (A)									
		インドネシア	マレーシア	フィリピン	シンガポール	タイ	中国	台湾	韓国	日本	米国
		(AI900)	(AM900)	(AP900)	(AS900)	(AT900)	(AC900)	(AN900)	(AK900)	(AJ900)	(AU900)
インドネシア	(AI900)	5,900	62	18	93	44	182	52	127	232	59
マレーシア	(AM900)	68	2,575	21	226	69	390	65	79	164	90
フィリピン	(AP900)	3	25	1,403	72	16	96	18	29	39	29
シンガポール	(AS900)	119	137	42	1,454	40	196	54	67	46	47
タイ	(AT900)	54	60	25	60	3,760	202	22	31	111	76
中国	(AC900)	107	110	39	208	160	112,448	239	502	595	1,197
台湾	(AN900)	20	55	28	153	48	638	3,817	114	139	144
韓国	(AK900)	46	63	34	125	63	976	127	12,947	206	213
日本	(AJ900)	122	147	51	169	247	1,150	331	471	43,707	470
米国	(AU900)	63	170	52	207	73	717	268	291	646	99,257
国際運賃・保険料	(BF001)	44	17	25	42	35	193	70	45	59	138
香港からの輸入	(CH900)	9	21	11	16	13	86	11	15	8	15
インドからの輸入	(CG900)	23	16	3	72	17	197	26	50	44	155
その他世界からの輸入	(CW900)	370	377	190	1,437	549	6,720	929	2,131	3,306	11,221
輸入関税・輸入品商品税	(DT001)	25	12	26	2	98	469	25	98	339	63
付加価値	(VV900)	7,449	2,592	1,888	1,773	3,450	60,361	4,198	11,061	52,242	147,762
総投入	(XX600)	14,421	6,439	3,859	6,110	8,684	185,021	10,253	28,059	101,884	260,935

（出所）　2005年アジア国際産業連関表をもとに筆者推計。

「FX004 在庫」（Changes in Stock, CIS）では，多くの取引（セル）においてマイナス値が計上されているため，RAS 法を適用したところ，いくつかの内生国において，「016 その他サービス」の行部門の値がマイナスになるという歪みが生じる結果となった（なぜこの部門に歪みが集中したかの原因は不明）。そのため，2005年アジア表の最終需要の各項目を足し上げて 1 項目にまとめることによりマイナス値を消去した上で RAS 法を適用し，特定の部門に歪みが生じることを回避した。

（簡易延長表，1 部門縮約表）

（単位：億ドル）

最終需要（F）										輸出（L）			総産出
インドネシア	マレーシア	フィリピン	シンガポール	タイ	中国	台湾	韓国	日本	米国	香港への輸出	インドへの輸出	その他世界への輸出	
(FI900)	(FM900)	(FP900)	(FS900)	(FT900)	(FC900)	(FN900)	(FK900)	(FJ900)	(FU900)	(LH001)	(LG001)	(LW001)	(XX600)
6,738	30	4	19	9	17	4	8	36	91	26	99	570	14,421
15	1,424	1	81	19	64	10	9	52	123	89	58	746	6,439
3	9	1,791	14	4	24	3	3	23	35	35	4	180	3,859
62	54	3	954	13	74	17	16	28	82	366	109	2,129	6,110
30	32	11	22	2,584	38	10	7	74	113	131	44	1,185	8,684
84	92	7	120	73	53,719	102	200	899	2,442	2,218	413	9,049	185,021
11	18	3	27	16	283	3,166	13	58	164	377	36	926	10,253
26	25	3	50	14	357	25	9,356	73	268	254	115	2,692	28,059
60	77	17	69	116	553	172	157	48,435	711	427	91	4,133	101,884
37	62	7	140	30	274	95	105	271	144,233	298	230	13,409	260,935
18	8	3	10	10	51	11	11	32	205				
10	19	5	13	5	36	5	4	7	30				
10	9	2	21	5	12	2	7	13	152				
246	338	132	237	477	1,736	186	557	841	6,409				
9	12	4	68	26	178	18	66	190	203				

178

　第2に，拡張 RAS 法により，国内取引がすべてゼロになってしまう部門
が発生してしまうことである。このような問題が発生してしまう原因は，国
内生産額に対する輸出額の割合が極端に大きいためである。たとえば，内生
国 r（$=I, M, P, S, T, C, N, K, J, U$）の第 i 部門（$i=1,\cdots,16$）の国内生産額 X_i^r は，
表 5-3に示されるとおり，当該国の産業連関表より推計され，外生値として
与えられる。一方，この部門の内生国および外生国・地域への輸出額は，
UN Comtrade Database より得ることができ，付加的情報（固定値）として与
えられる[3]。その結果，内生国 r の第 i 部門の国内取引以外の部分の金額（国
内生産額および輸出額）は，すべて固定されることになる。しかし，国内生
産額と輸出額は，それぞれ異なるデータ・ソースから推計されているため，
両者の値が必ずしも整合的である保証はない。もしも内生国 r の第 i 部門の
国内生産額 X_i^r に対する同部門の輸出額の合計値の割合が極めて大きければ，
外生値として与えられる国内生産額 X_i^r と内生国 r の第 i 部門を列方向に足
し上げた値とのバランスをとるためには，金額が固定されていない国内取引
から値を差し引くことにより調整せざるを得なくなる。国内生産額に比して
輸出額の合計値があまりに大きく，国内取引によってもその差を吸収しきれ
ない場合は，可能なかぎりバランスを維持するため，国内取引からすべての
金額が差し引かれ，その結果として国内取引がすべてゼロになってしまうこ
とになり，内生国 r の第 i 部門について，国内生産は行われていないにもか
かわらず，輸出が存在するという不自然な結果が生じることとなる。したが
って，国内生産額よりも輸出額の合計値が大きい部門については，その部門
の各国への輸出額を付加的情報から削除し，拡張 RAS 法の適用に際しての
制約を緩和することにより，国内取引がゼロになることを回避することとし
た。

　表 5-4は，以上の修正を施しつつ，拡張 RAS 法により簡易延長推計され
た2010年アジア表の１部門縮約表である。なお，拡張 RAS 法を行った結果
として残った行部門と列部門における誤差は，列部門については「LW001 そ
の他世界への輸出」に，行部門については付加価値項目のうち，「VV001 雇

用者報酬」あるいは「VV002 営業余剰」に，それぞれ足し込むことにより，国内生産額に一致させている。

　なお，ここでの主目的はアジア表の延長推計であるため，推計結果を提示するにとどめ，表を用いた基本的な分析については，章末に「参考」として示すこととした。そこでは，2005年アジア表との比較を通じたいくつかの基本的な指標を計算した結果の読み取りを行っている。

おわりに

　本章では，本書で検討してきたアジア表の作成方法のひとつの応用として，拡張RAS法による簡易延長推計の方法を検討し，2005年アジア表を利用して2010年のアジア表の簡易延長推計を行った。推計した表がどの程度正しく現実を反映したものになっているかについての評価は，2010年の「正しい」アジア表というものが存在しないため不可能といわざるを得ない。しかしながら，1部門に縮約した表ではあるが，表 5-4に示される推計結果や章末の「参考」における読み取りの結果からは，全体としては「もっともらしい」推計結果が得られているように思われる。したがって，拡張RAS法による延長推計は，アジア表作成のひとつの有力な代替的手段となり得ると期待される。

　しかし，その実際の適用に際しては，第2節で述べたように，基準年次の表として用いるアジア表にマイナス値が存在する場合，RASの収束条件が満たされず，推計結果に大きな歪みが生じる可能性があることや，厳密な推計を行うために多くの付加的情報を与えて取引額を固定してしまうと，その他の部分に歪みが集中してしまうなどの問題も明らかとなった。したがって，拡張RAS法の適用に際しては，上記の問題が生じない程度に部門統合を行ったり，付加的情報による制約を最低限にとどめるなどの対応をとらざるを得ず，通常のアジア表のように，76～78部門からなる詳細な部門分類を有す

る表を同等の精度で推計することは極めて困難であり，拡張 RAS 法による簡易延長推計の限界を示唆していると考えられる。

〔注〕────────────────

(1) このほか，佐野（2011）の第 2 節も参照されたい。

(2) 第 3 章では，本章における「外生値」とほぼ同じ意味で「コントロール・トータル」という用語を用いている。

(3) 実際には，内生国 r の第 i 部門の他の内生国 s（$\neq r$）への輸出（$e_i^{rs} = \Sigma_j e_{ij}^{rs}$）については，内生国 s の内生国 r の i 部門からの輸入（$m_i^{sr} = \Sigma_j m_{ij}^{sr}$）として計上されている。

〔参考文献〕

＜日本語文献＞

環太平洋産業連関分析学会編 2010.『産業連関分析ハンドブック』東洋経済新報社.

佐野敬夫 2011.「国際産業連関表作成のための情報システム」猪俣哲史・桑森啓・玉村千治編『2005年国際産業連関表の作成と利用（Ⅱ）』（アジア国際産業連関シリーズ No. 77） 日本貿易振興機構アジア経済研究所　95-129.

宮沢健一編 2002.『産業連関分析入門＜新版＞』日本経済新聞社.

＜外国語文献＞

Miller, R. E. and P. D. Blair 2009. *Input-Output Analysis: Foundations and Extensions*, Second Edition. Cambridge; Cambridge University Press.

IDE-JETRO (Japan External Trade Organization. Institute of Developing Economies) 2013. *Asian International Input-Output Table 2005*, (I.D.E. Statistical Data Series, No. 98) Chiba; IDE-JETRO.

参　考

2005年表と推計2010年表の各種分析係数による2時点比較

　ここでは，2005年アジア表と本論で述べた2010年延長表の統合1部門表に基づいて，基本的な分析係数の2005年から2010年にかけての変化をみる。なお，以下で言及している分析係数の概念や計算方法については，宮沢（2002,第3章），環太平洋産業連関分析学会編（2010,第1章），Miller and Blair（2009,Chapter 6）およびIDE-JETRO（2013）などを参照されたい。

5A.1　基本的な分析係数表

　表 5A-1は2005年表と2010年延長表の統合1部門表である。対象内生10カ国以外は，輸出入とも「R.O.W.（その他世界）」で一括りにしてあり，対象10カ国内を「域内」と呼ぶことにする。

(1)　付加価値（GDP）と国内生産額の変化（表 5A-2）

　2005年から2010年の間で名目付加価値額（GDP）の伸びが大きかったのは，中国とインドネシアであり，2倍を大きく超えた。インドネシア以外のアセアン4カ国（マレーシア，フィリピン，シンガポール，タイ）も堅調な伸びを示した。一方，日本，韓国，台湾および米国は1.2~1.3倍と伸びは低調であった。国内生産額の伸びも付加価値の伸びと類似した動きとなった。

(2)　中間投入率の変化（表 5A-3）

　国内中間投入額の割合（国内中間投入率＝国内中間投入額／国内生産額）で顕著な減少を示したのは，マレーシア（5.8%減），シンガポール（4.9%減），および米国（4.2%減）であった。このうちマレーシアとシンガポールの外国からの中間投入率の変化は対照的で，前者は外国からの投入率は域内，R.O.W.とも若干率を下げているが，シンガポールは両方とも大きな伸び（域内4.2%，R.O.W.6.2%）を示した（国内財投入から海外財投入への代替の深化がみら

表 5A-1　2005年アジア国際産業連関表

(1) 2005年アジア国際産業連関表（1 部門縮約表）

	中間需要										中間需要計
	日本	中国	韓国	台湾	インドネシア	マレーシア	フィリピン	シンガポール	タイ	米国	
日本	37,193	657	396	300	66	129	60	69	163	600	39,632
中国	416	38,533	237	134	58	100	24	71	83	724	40,382
韓国	195	522	8,916	101	23	37	17	20	38	205	10,073
台湾	140	336	67	2,952	11	50	23	47	30	171	3,827
インドネシア	177	69	77	36	2,313	28	9	66	18	37	2,830
マレーシア	102	157	48	38	22	1,942	15	63	53	161	2,601
フィリピン	37	41	14	15	2	9	954	15	12	39	1,138
シンガポール	76	130	79	36	44	92	27	905	32	84	1,504
タイ	102	92	21	22	29	51	11	27	1,854	103	2,311
米国	479	293	258	145	28	93	32	166	93	98,383	99,969
運賃保険料	50	91	30	56	21	13	16	15	23	122	436
R.O.W.	2,365	2,859	1,290	646	265	322	181	634	348	8,805	17,715
関税等	276	214	66	20	15	9	21	1	61	73	756
中間投入計	41,607	43,995	11,500	4,500	2,897	2,874	1,389	2,099	2,807	109,507	223,175
付加価値額	44,554	22,730	8,319	3,559	2,964	1,363	1,008	1,048	1,929	123,607	211,082
国内生産額	86,160	66,725	19,819	8,059	5,861	4,238	2,397	3,146	4,737	233,115	434,257

および2010年延長表（1部門縮約表）

（単位：億ドル）

最終需要											国内生産額
日本	中国	韓国	台湾	インドネシア	マレーシア	フィリピン	シンガポール	タイ	米国	R.O.W.	額
42,305	305	124	177	31	44	9	28	89	761	2,655	86,160
682	19,244	80	52	27	37	2	28	37	1,219	4,935	66,725
64	145	7,551	18	10	11	1	6	10	220	1,709	19,819
53	144	8	2,827	5	11	1	7	12	159	1,002	8,059
25	6	4	3	2,542	10	1	9	7	70	355	5,861
39	33	6	7	6	769	1	22	21	181	551	4,238
32	13	2	3	3	2	988	2	5	45	163	2,397
48	39	17	9	24	18	2	439	15	119	914	3,146
78	26	5	11	15	19	4	9	1,596	138	524	4,737
232	132	82	79	18	31	3	48	33	122,969	9,520	233,115
27	26	8	9	9	4	2	3	8	143		
675	808	278	199	128	128	48	135	190	5,154		
158	92	48	14	5	7	3	29	21	180		
44,419	21,012	8,215	3,408	2,823	1,092	1,064	765	2,045	131,359		

(2) 2010年推計アジア国際産業連関表（1部門縮約表）

	中間需要										中間需要計
	日本	中国	韓国	台湾	インドネシア	マレーシア	フィリピン	シンガポール	タイ	米国	
日本	43,707	1,150	471	331	122	147	51	169	247	470	46,865
中国	595	112,448	502	239	107	110	39	208	160	1,197	115,605
韓国	206	976	12,947	127	46	63	34	125	63	213	14,800
台湾	139	638	114	3,817	20	55	28	153	48	144	5,155
インドネシア	232	182	127	52	5,900	62	18	93	44	59	6,770
マレーシア	164	390	79	65	68	2,575	21	226	69	90	3,748
フィリピン	39	96	29	18	3	25	1,403	72	16	29	1,730
シンガポール	46	196	67	54	119	137	42	1,454	40	47	2,203
タイ	111	202	31	22	54	60	25	60	3,760	76	4,402
米国	646	717	291	268	63	170	52	207	73	99,257	101,743
運賃保険料	59	193	45	70	44	17	25	42	35	138	669
R.O.W.	3,410	7,286	2,261	1,003	433	450	218	1,613	610	11,560	28,845
関税等	339	469	98	25	25	12	26	2	98	63	1,157
中間投入計	49,641	124,660	16,998	6,055	6,971	3,847	1,971	4,336	5,233	113,173	332,886
付加価値額	52,242	60,361	11,061	4,198	7,449	2,592	1,888	1,773	3,450	147,762	292,778
国内生産額	101,884	185,021	28,059	10,253	14,421	6,439	3,859	6,110	8,684	260,935	625,664

（出所）　筆者作成。
（注）　関税等：関税・輸入品商品税．R.O.W.: Rest of the World （その他世界）

表 5A-2　付加価値額・国内生産額の増加率 (10年／05年)

（単位：倍）

	日本	中国	韓国	台湾	インドネシア	マレーシア	フィリピン	シンガポール	タイ	米国
付加価値額	1.2	2.7	1.3	1.2	2.5	1.9	1.9	1.7	1.8	1.2
国内生産額	1.2	2.8	1.4	1.3	2.5	1.5	1.6	1.9	1.8	1.1

（出所）　筆者作成。

第5章　アジア国際産業連関表の簡易延長推計　185

（単位：億ドル）

最終需要											国内生産額
日本	中国	韓国	台湾	インドネシア	マレーシア	フィリピン	シンガポール	タイ	米国	R.O.W.	
48,435	553	157	172	60	77	17	69	116	711	4,651	101,884
899	53,719	200	102	84	92	7	120	73	2,442	11,679	185,021
73	357	9,356	25	26	25	3	50	14	268	3,061	28,059
58	283	13	3,166	11	18	3	27	16	164	1,339	10,253
36	17	8	4	6,738	30	4	19	9	91	695	14,421
52	64	9	10	15	1,424	1	81	19	123	893	6,439
23	24	3	3	3	9	1,791	14	4	35	219	3,859
28	74	16	17	62	54	3	954	13	82	2,604	6,110
74	38	7	10	30	32	11	22	2,584	113	1,361	8,684
271	274	105	95	37	62	7	140	30	144,233	13,937	260,935
32	51	11	11	18	8	3	10	10	205		
881	1,832	579	201	285	394	146	304	497	6,773		
190	178	66	18	9	12	4	68	26	203		
51,032	57,418	10,518	3,825	7,358	2,209	1,994	1,843	3,401	155,261		

表 5A-3　中間投入率の変化

（単位：%）

		日本	中国	韓国	台湾	インドネシア	マレーシア	フィリピン	シンガポール	タイ	米国
国内中間投入率	2005年	43.2	57.7	45.0	36.6	39.5	45.8	39.8	28.7	39.1	42.2
	2010年	42.9	60.8	46.1	37.2	40.9	40.0	36.4	23.8	43.3	38.0
域内中間投入率	2005年	2.0	3.4	6.0	10.3	4.8	13.9	9.1	17.3	11.0	0.9
	2010年	2.1	2.5	6.1	11.5	4.2	12.9	8.1	21.5	8.8	0.9
R.O.W. 中間投入率	2005年	2.7	4.3	6.5	8.0	4.5	7.6	7.5	20.2	7.3	3.8
	2010年	3.3	3.9	8.1	9.8	3.0	7.0	5.7	26.4	7.0	4.4
付加価値率	2005年	51.7	34.1	42.0	44.2	50.6	32.2	42.0	33.3	40.7	53.0
	2010年	51.3	32.6	39.4	40.9	51.7	40.3	48.9	29.0	39.7	56.6

（出所）　筆者作成。

表 5A-4　最終需要の調達率の変化

（単位：％）

		日本	中国	韓国	台湾	インドネシア	マレーシア	フィリピン	シンガポール	タイ	米国
国内調達率	2005年	95.2	91.6	91.9	83.0	90.0	70.4	92.8	57.3	78.0	93.6
	2010年	94.9	93.6	88.9	82.8	91.6	64.5	89.8	51.8	76.0	92.9
域内調達率	2005年	2.8	4.0	4.0	10.5	4.9	16.8	2.2	20.8	11.2	2.2
	2010年	3.0	2.9	4.9	11.4	4.5	18.1	2.9	29.4	8.7	2.6
R.O.W. 調達率	2005年	1.5	3.8	3.4	5.9	4.5	11.7	4.5	17.7	9.3	3.9
	2010年	1.7	3.2	5.5	5.3	3.9	17.8	7.3	16.5	14.6	4.4

（出所）　筆者作成。

表 5A-5　国内生産の産出先比率の変化

（単位：％）

	国内中間産出		域内中間産出		国内最終需要		域内最終需要		R.O.W. 輸出	
	2005年	2010年	2005年	2010年	2005年	2010年	2005年	2010年	2005年	2010年
日本	43.2	42.9	2.8	3.1	49.1	47.5	2.8	1.9	3.1	4.6
中国	57.7	60.8	2.8	1.7	28.8	29.0	2.8	2.2	7.4	6.3
韓国	45.0	46.1	5.8	6.6	38.1	33.3	5.8	3.0	8.6	10.9
台湾	36.6	37.2	10.9	13.1	35.1	30.9	10.9	5.8	12.4	13.1
インドネシア	39.5	40.9	8.8	6.0	43.4	46.7	8.8	1.5	6.1	4.8
マレーシア	45.8	40.0	15.5	18.2	18.1	22.1	15.5	5.8	13.0	13.9
フィリピン	39.8	36.4	7.7	8.5	41.2	46.4	7.7	3.1	6.8	5.7
シンガポール	28.7	23.8	19.1	12.3	13.9	15.6	19.1	5.7	29.0	42.6
タイ	39.1	43.3	9.7	7.4	33.7	29.8	9.7	3.9	11.1	15.7
米国	42.2	38.0	0.7	1.0	52.8	55.3	0.7	0.4	4.1	5.3

（出所）　筆者作成。
（注）　R.O.W.: Rest of the World（その他世界）

れる）。一方，国内投入率の顕著な増大を示したのはタイ（4.2％増）であったが，その反面外国からの中間投入率は減少した（海外財投入から国内財投入への代替の深化がみられる）。

(3)　最終需要の調達率の変化（表 5A-4）

一方，最終需要の国内調達率，域内調達率，R.O.W. 調達率をみると，中国，

インドネシア，日本，米国など経済大国でフルセット型経済の国々は国内調達率が高く90％を超える。韓国もそれに続く。一方，インドネシア以外のアセアンのうち，フィリピンは例外的に国内調達率が高いが，タイ，マレーシア，シンガポールはそれぞれ70％台，60~70％，50％台と他に比べて低い。台湾はタイに近い。逆に海外からの調達比率は当然タイ，マレーシア，シンガポール，台湾が高くなっていて，とくにマレーシア，シンガポールは極めて高い海外からの調達比率を示した。その中で特徴的な点として，台湾とシンガポールは域内調達率を，マレーシアとタイは R.O.W. 調達率を増大させたことが挙げられる。

(4) 国内生産の産出先比率の変化（表 5A-5）

生産物の国内中間産出率が相対的に高い国は60％前後を示す中国であり，反対に低いのはシンガポールで20％台である。そのほかはおおむね40％台のところにある。観察2時点における変化はマレーシア，シンガポールおよび米国に4~5％程度の減少，タイに同程度の増加が認められる。

域内への中間産出率はアセアン5カ国と台湾が相対的に高い比率をもつ一方で，中国，日本，米国は経済規模（生産規模）が大きいため低い比率となっている。

国内最終需要向け産出比率は，米国が50％強と高い比率を示し，日本，インドネシア，フィリピンが40％台と米国に続く。一方，マレーシアとシンガポールの国内最終需要向け産出比率は極めて低く10％台~20％程度である。他はその中間に位置する。こうした構造は観察2時点において大きな変化はない。

顕著な変化がみられるのは，域内最終需要向け産出比率と R.O.W. 輸出向け産出比率である。まず，域内最終需要への産出比率が2005年に10％を超えて非常に高かったマレーシア，シンガポール，台湾が2010年には5％台へと著しい低下を示した。それに合わせるように他のすべての国々もその比率を2010年には大幅に下げている。しかしながら，R.O.W. への輸出で大きな伸

表 5A-6　前方連関効果・後方連関効果の変化

	前方連関効果			後方連関効果		
	2005年	2010年	変化率(%)	2005年	2010年	変化率(%)
日本	1.190	1.133	−4.8	0.913	0.919	0.7
中国	1.438	1.596	11.0	1.257	1.341	6.6
韓国	1.007	1.050	4.3	1.014	1.051	3.6
台湾	0.869	0.881	1.4	0.946	0.984	4.0
インドネシア	0.891	0.922	3.4	0.904	0.923	2.0
マレーシア	1.005	0.932	−7.2	1.172	1.048	−10.6
フィリピン	0.848	0.818	−3.6	0.976	0.916	−6.1
シンガポール	0.778	0.725	−6.8	0.939	0.947	0.8
タイ	0.875	0.940	7.5	0.999	1.045	4.5
米国	1.099	1.003	−8.7	0.879	0.827	−5.9
相関係数	0.954			0.899		

（出所）　筆者作成。

びを示したのは，10％超増大したシンガポールと 4 ％強のタイのみであった。

(5)　前方連関効果および後方連関効果の変化（表 5A-6）

前方連関効果と後方連関効果のいずれについても，各国・地域の相対的な関係は 2 時点で大きな変動はみられない（相関係数は前者が0.954，後者が0.899である）。

国別にみてとくに変化が大きかったのは，前方連関効果では中国（11％増大），後方連関効果ではマレーシア（10.6％減少）である。

また，両方の効果が大きく増大したのは中国で，大きく減少したのがマレーシアと米国であった。

(6)　最終需要による国・地域別生産誘発額および誘発依存度の変化（表 5A-7，表 5A-8）

表 5A-7は各国の最終需要国・地域別生産誘発額である。また，表 5A-8は表 5A-7において各国の生産誘発総額（＝「合計」）を100として最終需要

表 5A-7　最終需要国・地域別生産誘発額（2005年、2010年）

（単位：億ドル）

		生産を誘発する最終需要国・地域										
		日本	中国	韓国	台湾	インドネシア	マレーシア	フィリピン	シンガポール	タイ	米国	R.O.W.	合計
日本	2005年	74,576	1,442	735	624	154	170	96	85	335	2,536	5,406	86,160
	2010年	84,945	2,669	825	608	309	257	107	212	451	2,190	9,309	101,884
中国	2005年	2,549	45,657	611	322	178	182	50	109	216	4,609	12,245	66,725
	2010年	3,665	137,264	1,350	594	477	374	107	450	428	9,120	31,192	185,021
韓国	2005年	483	945	13,744	145	56	50	25	22	66	853	3,430	19,819
	2010年	518	2,083	17,399	176	136	104	59	155	100	984	6,344	28,059
台湾	2005年	315	613	99	4,470	26	49	29	29	52	572	1,804	8,059
	2010年	316	1,253	150	5,053	58	72	42	102	73	545	2,589	10,253
インドネシア	2005年	316	115	104	45	4,204	36	14	38	34	220	737	5,861
	2010年	413	319	159	59	11,416	97	34	72	62	295	1,495	14,421
マレーシア	2005年	269	284	84	59	46	1,426	23	66	98	665	1,217	4,238
	2010年	349	649	114	79	134	2,387	34	219	100	408	1,967	6,439
フィリピン	2005年	116	76	23	21	9	10	1,642	9	21	150	321	2,397
	2010年	98	170	38	22	14	33	2,816	48	23	115	483	3,859
シンガポール	2005年	188	203	109	46	81	71	30	619	51	328	1,421	3,146
	2010年	114	331	85	62	211	141	47	1,262	51	202	3,604	6,110
タイ	2005年	293	164	41	42	62	62	21	25	2,626	422	977	4,737
	2010年	316	367	56	42	137	101	53	67	4,562	359	2,623	8,684
米国	2005年	1,202	667	482	296	82	122	51	146	163	212,933	16,972	233,115
	2010年	1,382	1,471	496	388	171	223	82	318	131	232,936	23,337	260,935

（出所）筆者作成。
（注）R.O.W.: Rest of the World（その他世界）

（単位：％）

表 5A-8　最終需要国・地域別生産誘発依存度（2005年、2010年）

| | | 生産を誘発する最終需要国・地域 | | | | | | | | | | |
		日本	中国	韓国	台湾	インドネシア	マレーシア	フィリピン	シンガポール	タイ	米国	R.O.W.	合計
日本	2005年	86.6	1.7	0.9	0.7	0.2	0.2	0.1	0.1	0.4	2.9	6.3	100.0
	2010年	83.4	2.6	0.8	0.6	0.3	0.3	0.1	0.2	0.4	2.1	9.1	100.0
中国	2005年	3.8	68.4	0.9	0.5	0.3	0.3	0.1	0.2	0.3	6.9	18.4	100.0
	2010年	2.0	74.2	0.7	0.3	0.3	0.2	0.1	0.2	0.2	4.9	16.9	100.0
韓国	2005年	2.4	4.8	69.3	0.7	0.3	0.3	0.1	0.1	0.3	4.3	17.3	100.0
	2010年	1.8	7.4	62.0	0.6	0.5	0.4	0.2	0.6	0.4	3.5	22.6	100.0
台湾	2005年	3.9	7.6	1.2	55.5	0.3	0.6	0.4	0.4	0.6	7.1	22.4	100.0
	2010年	3.1	12.2	1.5	49.3	0.6	0.7	0.4	1.0	0.7	5.3	25.2	100.0
インドネシア	2005年	5.4	2.0	1.8	0.8	71.7	0.6	0.2	0.7	0.6	3.8	12.6	100.0
	2010年	2.9	2.2	1.1	0.4	79.2	0.7	0.2	0.5	0.4	2.0	10.4	100.0
マレーシア	2005年	6.3	6.7	2.0	1.4	1.1	33.6	0.5	1.6	2.3	15.7	28.7	100.0
	2010年	5.4	10.1	1.8	1.2	2.1	37.1	0.5	3.4	1.5	6.3	30.5	100.0
フィリピン	2005年	4.8	3.2	1.0	0.9	0.4	0.4	68.5	0.4	0.9	6.3	13.4	100.0
	2010年	2.5	4.4	1.0	0.6	0.4	0.8	73.0	1.2	0.6	3.0	12.5	100.0
シンガポール	2005年	6.0	6.4	3.5	1.5	2.6	2.2	1.0	19.7	1.6	10.4	45.2	100.0
	2010年	1.9	5.4	1.4	1.0	3.4	2.3	0.8	20.7	0.8	3.3	59.0	100.0
タイ	2005年	6.2	3.5	0.9	0.9	1.3	1.3	0.5	0.5	55.4	8.9	20.6	100.0
	2010年	3.6	4.2	0.6	0.5	1.6	1.2	0.6	0.8	52.5	4.1	30.2	100.0
米国	2005年	0.5	0.3	0.2	0.1	0.0	0.1	0.0	0.1	0.1	91.3	7.3	100.0
	2010年	0.5	0.6	0.2	0.1	0.1	0.1	0.0	0.1	0.1	89.3	8.9	100.0

（出所）　筆者作成。

（注）　R.O.W.: Rest of the World （その他世界）

第5章　アジア国際産業連関表の簡易延長推計　191

国・地域別生産誘発依存度を比率（％）で表したものである。ここでの記述は表 5A-8に基づく。

　まず，生産誘発がどの国の最終需要に最も依存するかをみると，どの対象国も自国の最終需要への依存が最も大きい。しかし，その依存度の大きさは国によって異なる。自国の最終需要への依存度が大きい国は米国と日本で80％を上回る。他の国々についてはこの依存度はほぼ人口規模に応じた順位となっているが，中国やインドネシアの人口大国でもまだ80％には満たない。人口規模の小さなシンガポールやマレーシアの自国最終需要への依存はそれぞれ30％台。20％台と非常に低い。

　こうした中で，自国の最終需要依存度を大幅に引き上げたのは中国（5.8ポイント増）とインドネシア（7.5ポイント増）であり，逆に大きく引き下げたのが韓国（7.3ポイント減）と台湾（6.2ポイント減）であった。中国はその増大した分について日本，米国，およびR.O.W.への依存度を相対的に引き下げた。インドネシアについては，日本，米国およびR.O.W.への依存の相対的減少がみられるが，とくに日本の減少（2.5ポイント）は大きい。一方，韓国は中国とR.O.W.への依存度の相対的増大（それぞれ2.6ポイント，5.3ポイント）が顕著である。台湾についても韓国と同様の傾向にあるが，とくに中国への依存度の増大（4.6％）が際立っている。

　対象国全体にわたって，2005年から2010年で日本と米国への依存度が相対的に低下した。とくにマレーシアとシンガポールにおける米国への依存度の低下は際立って大きい。シンガポールについては日本と米国への依存度の低下に代わってその他世界への依存比率が大きく増大した。

　一方，中国への依存度はシンガポールを除く国々で増大した。とくに，韓国，台湾，およびマレーシアで顕著である。

　この地域における各国の生産誘発に占める米国，日本の比率の相対的後退と中国のいっそうの拡大がこの期間の特徴として認められる。

表 5A-9　最終需要による生産誘発係数（2005年、2010年）

		生産を誘発する最終需要国・地域											
		日本	中国	韓国	台湾	インドネシア	マレーシア	フィリピン	シンガポール	タイ	米国	R.O.W.	合計
日本	2005年	1.71	0.07	0.09	0.20	0.06	0.18	0.09	0.14	0.18	0.02	0.24	0.37
	2010年	1.70	0.05	0.08	0.17	0.04	0.14	0.06	0.14	0.16	0.01	0.23	0.32
中国	2005年	0.06	2.27	0.08	0.10	0.07	0.19	0.05	0.18	0.12	0.04	0.55	0.29
	2010年	0.07	2.48	0.14	0.16	0.07	0.21	0.06	0.30	0.15	0.06	0.77	0.57
韓国	2005年	0.01	0.05	1.74	0.05	0.02	0.05	0.03	0.04	0.04	0.01	0.15	0.09
	2010年	0.01	0.04	1.76	0.05	0.02	0.06	0.03	0.10	0.03	0.01	0.16	0.09
台湾	2005年	0.01	0.03	0.01	1.40	0.01	0.05	0.03	0.05	0.03	0.00	0.08	0.04
	2010年	0.01	0.02	0.02	1.40	0.01	0.04	0.02	0.07	0.03	0.00	0.06	0.03
インドネシア	2005年	0.01	0.01	0.01	0.01	1.57	0.04	0.01	0.06	0.02	0.00	0.03	0.03
	2010年	0.01	0.01	0.02	0.02	1.62	0.05	0.02	0.05	0.02	0.00	0.04	0.04
マレーシア	2005年	0.01	0.01	0.01	0.02	0.02	1.50	0.02	0.11	0.05	0.01	0.05	0.02
	2010年	0.01	0.01	0.01	0.02	0.02	1.31	0.02	0.15	0.03	0.00	0.05	0.02
フィリピン	2005年	0.00	0.00	0.00	0.01	0.00	0.01	1.62	0.02	0.01	0.00	0.01	0.01
	2010年	0.00	0.00	0.00	0.01	0.00	0.02	1.52	0.03	0.01	0.00	0.01	0.01
シンガポール	2005年	0.00	0.01	0.01	0.01	0.03	0.07	0.03	1.04	0.03	0.00	0.06	0.01
	2010年	0.00	0.01	0.01	0.02	0.03	0.08	0.03	0.84	0.02	0.00	0.09	0.02
タイ	2005年	0.01	0.01	0.01	0.01	0.02	0.06	0.02	0.04	1.44	0.00	0.04	0.02
	2010年	0.01	0.01	0.01	0.01	0.02	0.06	0.03	0.05	1.58	0.00	0.06	0.03
米国	2005年	0.03	0.03	0.06	0.09	0.03	0.13	0.05	0.24	0.09	1.69	0.76	1.01
	2010年	0.03	0.03	0.05	0.11	0.02	0.12	0.04	0.21	0.05	1.57	0.58	0.81
計	2005年	1.84	2.50	2.03	1.91	1.83	2.29	1.96	1.92	2.01	1.77	1.99	1.89
	2010年	1.84	2.65	2.09	1.97	1.85	2.08	1.83	1.94	2.08	1.67	2.05	1.94

（出所）　筆者作成。
（注）　R.O.W.: Rest of the World （その他世界）

(7) 各国の最終需要による生産誘発係数の変化 (表 5A-9)

最終需要国・地域別生産誘発額 (表 5A-7) の各列を対応する各国各年の最終需要額 (表 5A-10) で除した割合が各国の最終需要による生産誘発係数である。係数の意味は次のとおりである。たとえば, 表 5A-7の「日本」列は日本の最終需要によって各国の生産が誘発された額が2005年, 2010年について示されているが, 2005年に着目する。日本の2005年の最終需要総額は4兆3559億ドル (表 5A-10) であるので, 表 5A-7の「日本」列の2005年の値を4兆3559億ドルで除すると, 最終需要額に対する生産誘発の大きさが示される。2005年の日本の最終需要額に対し, 日本の生産は1.71倍, 中国は0.06倍, 韓国は0.01倍, 台湾は0.01倍 ‥‥ 誘発されていることになる。ここでは, 便宜的に最終需要の生産誘発力と呼ぶ。

各国の最終需要の自国生産に対する生産誘発力をみると, 中国が最も大きく2倍を超えている。つぎに, 韓国, 日本, 米国と続くが, シンガポールは際立って低く, 2010年には1倍に満たない。

域内各国に対する各最終需要の生産誘発力は, 中国がやはり最大であるが, つづいて韓国, マレーシア, タイも2倍を超える。R.O.W. による誘発力も大きい。自国の生産に対する誘発力は極めて小さかったシンガポールの域内国全体に対する生産誘発力は, 1.9倍強と小さくない。

表 5A-10　参考：各国の最終需要計

(単位：億ドル)

	日本	中国	韓国	台湾	インドネシア	マレーシア	フィリピン	シンガポール	タイ	米国	R.O.W.	合計
2005年	43,559	20,085	7,881	3,185	2,681	953	1,011	598	1,826	125,883	22,328	229,989
2010年	49,949	55,404	9,873	3,602	7,065	1,823	1,848	1,496	2,879	148,262	40,439	322,641

(出所)　筆者作成。

(注)　R.O.W.: Rest of the World (その他世界)

194

5A.2　アセアン5カ国を中心とした経済相互依存の変化

　表 5A-11は，表 5A-1におけるアセアン5カ国（インドネシア，マレーシア，
フィリピン，シンガポール，タイ）を統合してひとつの地域にしたものである。
また，表 5A-12は，2005年から2010年にかけての対応する取引の伸びを示
したものである。すなわち，表 5A-10の2010年表の各セルの数値を，対応
する2005年の数値で除したもので，この5年間にその取引額が何倍になった
かを示している。

　ここでは表 5A-12に基づき，アセアンを中心に対象各国との中間財取引，
最終財取引の変化を俯瞰する。

　まず，国内生産額や付加価値額の伸びをみると，平均の伸び（国内生産額
1.44倍，付加価値額1.39倍）を超えて大きな伸びを示したのは中国とアセアン
のみである。この生産額等の増大は，中国についてはとくに自国，アセアン，
米国，R.O.W. の中間投入の増大を伴ったが，アセアンについては韓国，ア
セアン自身，R.O.W. からの中間投入の増大が目立った。

　産出面に目を向けると，やはり中間財として産出される中国とアセアンの
生産物の伸びが他国に比べ大きかった。最終需要向け産出をみると，アセア
ンの産出先で増加率が大きかったのはアセアン自地域と R.O.W. であったが，
中国はアセアンへの産出率の増大が最も大きく，自国，韓国，米国，R.
O.W. への産出も2倍以上の増大をみた。他に顕著な変化として，韓国のア
セアンへの中間産出および最終需要への産出も大きく伸びた点が挙げられる。

　2005年から2010年にかけての投入産出の変化について，アセアンを中心に
して整理すると，中間財は韓国や自地域，米国からの投入を増大させて国内
生産額を増大させた。そして，中国へは中間財として産出を増大させ，自地
域および R.O.W. へは最終財としての産出を大きく増大させた。

　以上のように，この期間，アセアンは自地域内の経済緊密度を高めたと同
時に，域内ではとくに中国と韓国との経済相互依存関係を深めた。中国には

表 5A-11 アセアン統合1部門縮約表 (2005年, 2010年)

(1) アセアン統合表 (2005年)

(単位：億ドル)

	中間需要							最終需要							国内生産額
	日本	中国	韓国	台湾	アセアン	米国	計	日本	中国	韓国	台湾	アセアン	米国	R.O.W.	
日本	37,193	657	396	300	486	600	39,632	42,305	305	124	177	202	761	2,655	86,160
中国	416	38,533	237	134	336	724	40,382	682	19,244	80	52	131	1,219	4,935	66,725
韓国	195	522	8,916	101	135	205	10,073	64	145	7,551	18	39	220	1,709	19,819
台湾	140	336	67	2,952	161	171	3,827	53	144	8	2,827	37	159	1,002	8,059
アセアン	494	489	240	147	8,592	424	10,385	222	116	35	33	6,527	554	2,507	20,380
米国	479	293	258	145	411	98,383	99,969	232	132	82	79	132	122,969	9,520	233,115
運賃保険料	50	91	30	56	87	122	436	27	26	8	9	26	143		
R.O.W.	2,365	2,859	1,290	646	1,751	8,805	17,715	675	808	278	199	629	5,154		
関税等	276	214	66	20	107	73	756	158	92	48	14	66	180		
中間投入計	41,607	43,995	11,500	4,500	12,067	109,507	223,175	44,419	21,012	8,215	3,408	7,789	131,359		
付加価値額	44,554	22,730	8,319	3,559	8,313	123,607	211,082								
国内生産額	86,160	66,725	19,819	8,059	20,380	233,115	434,257								

(出所) 筆者作成。

(注) 関税等：関税・輸入品商品税、R.O.W.: Rest of the World (その他世界)

(2) アセアン統合表 (2010年)

（単位：億ドル）

	中間需要							最終需要							国内生産額
	日本	中国	韓国	台湾	アセアン	米国	計	日本	中国	韓国	台湾	アセアン	米国	R.O.W.	
日本	43,707	1,150	471	331	736	470	46,865	48,435	553	157	172	339	711	4,651	101,884
中国	595	112,448	502	239	625	1,197	115,605	899	53,719	200	102	375	2,442	11,679	185,021
韓国	206	976	12,947	127	331	213	14,800	73	357	9,356	25	119	268	3,061	28,059
台湾	139	638	114	3,817	305	144	5,155	58	283	13	3,166	74	164	1,339	10,253
アセアン	592	1,066	334	211	16,349	302	18,854	213	217	43	44	13,926	444	5,772	39,512
米国	646	717	291	268	564	99,257	101,743	271	274	105	95	277	144,233	13,937	260,935
運賃保険料	59	193	45	70	163	138	669	32	51	11	11	48	205		
R.O.W.	3,410	7,286	2,261	1,003	3,324	11,560	28,845	881	1,832	579	201	1,627	6,773		
関税等	339	469	98	25	163	63	1,157	190	178	66	18	118	203		
中間投入計	49,641	124,660	16,998	6,055	22,359	113,173	332,886	51,032	57,418	10,518	3,825	16,805	155,261		
付加価値額	52,242	60,361	11,061	4,198	17,154	147,762	292,778								
国内生産額	101,884	185,021	28,059	10,253	39,512	260,935	625,664								

（出所）筆者作成。

（注）関税等：関税・輸入品商品税．R.O.W.: Rest of the World（その他世界）

表 5A-12　2005年～2010年での各取引額の伸び（各セル毎：2010年取引額／2005年取引額）

| | 中間需要 | | | | | | | 最終需要 | | | | | | | 国内生産額 |
	日本	中国	韓国	台湾	アセアン	米国	計	日本	中国	韓国	台湾	アセアン	米国	R.O.W.	
日本	1.18	1.75	1.19	1.10	1.51	0.78	1.18	1.14	1.82	1.26	0.97	1.68	0.93	1.75	1.18
中国	1.43	2.92	2.12	1.78	1.86	1.65	2.86	1.32	2.79	2.49	1.96	2.86	2.00	2.37	2.77
韓国	1.06	1.87	1.45	1.27	2.45	1.04	1.47	1.14	2.47	1.24	1.37	3.08	1.22	1.79	1.42
台湾	0.99	1.90	1.71	1.29	1.89	0.84	1.35	1.09	1.96	1.57	1.12	2.03	1.03	1.34	1.27
アセアン	1.20	2.18	1.39	1.44	1.90	0.71	1.82	0.96	1.88	1.23	1.32	2.13	0.80	2.30	1.94
米国	1.35	2.44	1.13	1.85	1.37	1.01	1.02	1.17	2.07	1.28	1.21	2.09	1.17	1.46	1.12
運賃保険料	1.19	2.12	1.48	1.26	1.87	1.13	1.53	1.18	1.95	1.40	1.24	1.85	1.44		
ROW	1.44	2.55	1.75	1.55	1.90	1.31	1.63	1.30	2.27	2.08	1.01	2.58	1.31		
関税等	1.23	2.19	1.47	1.27	1.52	0.87	1.53	1.21	1.94	1.36	1.25	1.81	1.12		
中間投入計	1.19	2.83	1.48	1.35	1.85	1.03	1.49	1.15	2.73	1.28	1.12	2.16	1.18		
付加価値額	1.17	2.66	1.33	1.18	2.06	1.20	1.39								
国内生産額	1.18	2.77	1.42	1.27	1.94	1.12	1.44								

（出所）筆者作成。
（注）関税等：関税・輸入品商品税．R.O.W.：Rest of the World（その他世界）

中間財の産出先と最終財の調達先として，韓国とは中間財および最終財の調達先としてその深化がみられる。

第5章　アジア国際産業連関表の簡易延長推計　199

付表　2010年簡易延長表の部門分類

16部門分類		76部門分類	
コード	部門名称	コード	部門名称
1	農林水産業	1	米
		2	その他の穀物
		3	食用作物
		4	非食用作物
		5	畜産
		6	林業
		7	漁業
2	鉱業・採石業	8	原油及び天然ガス
		9	鉄鉱石
		10	その他金属鉱物
		11	非金属鉱物及び採石業
3	食品，飲料，たばこ	12	精穀及び製粉
		13	水産食料品
		14	屠畜及び肉加工品
		15	その他食料品
		16	飲料
		17	たばこ
4	繊維製品	18	紡績
		19	織物及び染色
		20	織物
		21	衣料品
		22	その他の繊維製品
5	その他の軽工業品	23	皮革及び皮革製品
		24	材木
		25	家具
		26	その他木製品
		27	パルプ及び紙
		28	印刷及び製本
6	化学	29	合成樹脂及び繊維
		30	基礎化学製品
		31	化学肥料及び農薬
		32	医薬品
		33	化学最終製品
		34	石油精製及び石油製品

付表 つづき

16部門分類		76部門分類	
コード	部門名称	コード	部門名称
		36	タイヤ及びチューブ
		37	その他のゴム製品
7	非金属製品	38	セメント及びセメント製品
		39	ガラス及びガラス製品
		40	その他非金属製品
8	金属製品	41	鉄鋼
		42	非鉄金属
		43	その他金属製品
9	機械	44	ボイラー，エンジン，タービン
		45	一般機械
		46	金属加工機械
		47	その他産業用機械
10	電気機械	48	重電機械
		49	テレビ，ラジオ，オーディオ及び通信機器
		50	電子計算機（コンピュータ）
		51	半導体及び集積回路
		52	その他電気・電子機器
		53	家庭用電気機器
		54	照明，電池，ワイヤーその他
11	輸送機械	55	自動車
		56	オートバイ
		57	造船
		58	その他輸送機械
12	その他製造業	35	プラスチック製品
		59	精密機械
		60	その他製造業品
13	電力，ガス，水道	61	電力及びガス
		62	水道
14	建設	63	建築
		64	その他建設
15	商業・運輸	65	卸売及び小売
		66	運輸
16	サービス	67	電話及び情報通信
		68	金融及び保険

付表 つづき

16部門分類		76部門分類	
コード	部門名称	コード	部門名称
16	サービス	69	不動産
		70	教育・研究
		71	医療・保健
		72	飲食業
		73	宿泊業
		74	その他サービス
		75	公務
		76	分類不明

（出所） 筆者作成。

索 引

【アルファベット】

ADB-MRIO　29, 30
C.I.F. 価格　13, 17-19, 22, 24, 25, 27, 132,
　　162, 168, 171, 172
Eora　29-31, 33
EXIOPOL　30
F.O.B. 価格　20, 131, 132, 162, 166-168,
　　172, 173
GTAP-MRIO　30
HS　11, 40, 59, 61, 159, 162, 163, 166-
　　168, 171
Inter-Country Input-Output Tables (ICIO)
　　30, 51
ISIC　37, 38, 51-56, 60-62
JSIC　52-57, 59
OECD　30, 51, 62, 160-162
OECD 分類　51
RAS 法　6-8, 16, 80, 88-90, 93-105, 108-
　　111, 114, 117-120, 138, 145, 148-150,
　　156, 157, 176, 177
　　拡張──　6-8, 80, 111, 114, 115, 117-
　　120, 151-154, 157, 158, 176, 178-180
　　修正 ──　80, 88, 100, 105, 108, 110,
　　119, 148-150
STPE　101-103, 105
TTM　20, 24, 166-170, 172-174
two-way approach　142
WIOD　29-31

【あ行】

アクティビティ　56, 57, 59, 63, 65
アジア表　→　国際産業連関表を見よ
アセアン表　→　国際産業連関表を見よ
イタレーション　89, 91, 94-98, 100-104,
　　106, 107, 111, 117-119, 150, 154
延長推計　4-8, 16, 17, 62, 79, 80, 82, 83,
　　88, 89, 91, 92, 94, 99-106, 108, 111,
　　118-120, 151-154, 156-159, 161, 165,
　　176, 178-180, 195, 197

【か行】

拡張 RAS 法　→　RAS 法を見よ
家計消費支出　84, 85
加工度変化修正係数　93
簡易延長表　152, 153, 158, 160, 162, 167,
　　171, 176, 177, 199
基軸部門分類　38, 42, 43, 49, 61
基本表　14, 16, 44, 80, 161
行修正係数　90, 91, 93-96, 117, 119
競争輸入型表　40, 81, 82, 112-115
共通部門分類　5-7, 15, 16, 24, 32, 37, 38,
　　41-44, 46-52, 60-62, 66-78, 136, 151,
　　160, 163, 166, 168
国別輸入表　6, 7, 123-125, 127, 128, 133,
　　138, 141, 142, 145, 150
経済協力開発機構　→　OECD を見よ
後方連関効果　188
国際運賃・保険料　11, 13, 24, 33, 155,
　　157, 159, 160, 163, 164, 171, 172, 176
国際産業連関表（多国間表）　3-5, 7-11,
　　14, 16, 27, 29-33, 37-40, 41, 43-46,
　　49-52, 60-62, 66, 79, 80, 113, 120,
　　123, 142, 151-155, 157-159, 176, 182,
　　184, 195, 197
　　アジア──　3-10, 12, 14-16, 18, 20,
　　21, 24-26, 28-33, 37, 38, 42-46, 49,
　　60-62, 66, 79- 81, 100, 123, 124, 128-
　　131, 151-154, 156-160, 163, 166-168,
　　171, 172, 176-179, 181, 182, 184, 195,
　　197
　　アセアン──　10, 46, 49, 62
国際標準産業分類　→　ISIC を見よ
国内運賃・国内商業マージン
　　→　TTM を見よ
国内最終需要額　82, 84
国内生産額　11, 28, 39, 40, 53, 59, 81-83,
　　86-90, 92, 93, 100, 111, 112, 157, 160,
　　161, 164, 165, 178, 179, 181-185,
　　194-197
　　総産出　11, 83, 87, 88, 98, 111, 114,
　　115, 155, 157, 159, 177

総投入 11, 13, 83, 87, 88, 111, 113, 115, 155, 157, 159, 176
国内総供給額 82, 84-86
国内総固定資本形成 10, 85, 86, 162
コントロール・トータル 87, 111-116, 180

【さ行】

在庫純増 84, 86, 113
最終需要国・地域別生産誘発依存度 190
最終需要国・地域別生産誘発額 188, 189, 193
最終需要による生産誘発係数 192, 193
修正 RAS 法 → RAS 法を見よ
生産活動主体 53, 57, 59
生産活動単位 56, 57, 59, 65
生産者価格 13, 14, 17-20, 24, 25, 27, 89, 165, 166, 168-170, 172, 174
政府消費支出 84, 85, 113
前方連関効果 188
総産出 → 国内生産額を見よ
総投入 → 国内生産額を見よ
粗付加価値 56, 81, 82, 86-88

【た行】

対家計民間非営利団体消費支出 84, 85
代替変化修正係数 93
多国間表
　　→ 国際産業連関表（多国間表）を見よ
中間投入率 181, 185, 186
中間取引 12, 13, 17-19, 22, 25, 27, 44, 80, 81, 87-100, 105-111, 119, 120, 125-128

【な行】

二国間表 27, 39-41, 43, 45-50, 61
日本標準産業分類 → JSIC を見よ

【は行】

バランス調整 31, 82, 87, 148
反復計算 → イタレーションを見よ
非競争輸入型表 40, 81, 82, 112-115
比例分割 124, 125, 138, 142, 145
部門統合 6, 8, 24, 25, 38, 43, 47, 61, 82, 83, 167, 171, 179
部門分割 16, 18, 31, 37, 38, 41-44, 46, 52, 53, 59, 61, 62
フレーター法 97, 98, 100
平均増加倍率法（加法） 93-97, 99-104, 119
平均増加倍率法（乗法） 95, 97, 99-104, 119
貿易統計商品分類 → HS を見よ

【ま行】

民間消費支出 84, 113

【や行】

輸入関税・輸入品商品税 15, 24, 160, 163, 164, 176
輸入財需要先調査 6, 7, 15, 23, 24, 123, 124, 129, 130, 133, 135, 139, 140, 142, 143, 146
輸入財投入調査 45, 46, 128, 142

【ら行】

ラグランジュ未定係数法 98-100, 104, 105, 119
類似度 101-105
列修正係数 91, 93-96, 117, 119

複製許可および PDF 版の提供について

　点訳データ，音読データ，拡大写本データなど，視覚障害者のための利用に限り，非営利目的を条件として，本書の内容を複製することを認めます（http://www.ide.go.jp/Japanese/Publish/reproduction.html）。転載許可担当宛に書面でお申し込みください。

　また，視覚障害，肢体不自由などを理由として必要とされる方に，本書のPDF ファイルを提供します。下記の PDF 版申込書（コピー不可）を切りとり，必要事項をご記入のうえ，販売担当宛ご郵送ください。折り返し PDF ファイルを電子メールに添付してお送りします。

〒261-8545　千葉県千葉市美浜区若葉 3 丁目 2 番 2
　日本貿易振興機構 アジア経済研究所
　研究支援部出版企画編集課　各担当宛

　ご連絡頂いた個人情報は，アジア経済研究所出版企画編集課（個人情報保護管理者－出版企画編集課長 043-299-9534）が厳重に管理し，本用途以外には使用いたしません。また，ご本人の承諾なく第三者に開示することはありません。

アジア経済研究所研究支援部 出版企画編集課長

PDF 版の提供を申し込みます。他の用途には利用しません。

桑森啓・玉村千治編「アジア国際産業連関表の作成
　　──基礎と延長──」【研究双書 632】2017年

住所 〒

氏名：　　　　　　　　　　　　年齢：
職業：
電話番号：
電子メールアドレス：

桑森　啓（アジア経済研究所開発研究センター主任調査研究員）

玉村　千治（帝京大学経済学部教授）

佐野　敬夫（元岐阜聖徳学園大学経済情報学部教授）

―執筆順―

アジア国際産業連関表の作成
――基礎と延長――　　　　　　　　　　研究双書No.632

2017年11月17日発行　　　　　　　　定価［本体3200円＋税］

　　編　者　　桑森　啓・玉村千治

　　発行所　　アジア経済研究所
　　　　　　　独立行政法人日本貿易振興機構
　　　　　　　〒261-8545　千葉県千葉市美浜区若葉3丁目2番2
　　　　　　　研究支援部　　電話　043-299-9735
　　　　　　　　　　　　　　FAX　043-299-9736
　　　　　　　　　　　　　　E-mail syuppan@ide.go.jp
　　　　　　　　　　　　　　http://www.ide.go.jp
　　印刷所　　日本ハイコム株式会社

Ⓒ独立行政法人日本貿易振興機構アジア経済研究所 2017
落丁・乱丁本はお取り替えいたします　　　　無断転載を禁ず
ISBN978-4-258-04632-4

「研究双書」シリーズ

(表示価格は本体価格です)

632 アジア国際産業連関表の作成
基礎と延長
桑森啓・玉村千治編　2017年　204p.　3,200円

アジア国際産業連関表の作成に関する諸課題について検討した研究書。部門分類、延長推計、特別調査の方法などについて検討し、表の特徴を明らかにするとともに、作成方法のひとつの応用として、2010年アジア国際産業連関表の簡易延長推計を試みる。

631 現代アフリカの土地と権力
武内進一編　2017年　365p.　4,900円

ミクロ、マクロな政治権力が交錯するアフリカの土地は、今日劇的に変化している。その要因は何か。近年の土地制度改革を軸に、急速な農村変容のメカニズムを明らかにする。

630 アラブ君主制国家の存立基盤
石黒大岳編　2017年　172p.　2,700円

「アラブの春」後も体制の安定性を維持しているアラブ君主制諸国。君主が主張する統治の正統性と、それに対する国民の受容態度に焦点を当て、体制維持のメカニズムを探る。

629 アジア諸国の女性障害者と複合差別
人権確立の観点から
小林昌之編　2017年　246p.　3,100円

国連障害者権利条約は、独立した条文で、女性障害の複合差別の問題を特記した。アジア諸国が、この問題をどのように認識し、対応する法制度や仕組みを構築したのか、その現状と課題を考察する。

628 ベトナムの「専業村」
坂田正三著　2017年　179p.　2,200円

ベトナムでは1986年に始まる経済自由化により、「専業村」と呼ばれる農村の製造業家内企業の集積が形成された。ベトナム農村の工業化を担う専業村の発展の軌跡をミクロ・マクロ両面から追う。

627 ラテンアメリカの農業・食料部門の発展
バリューチェーンの統合
清水達也著　2017年　200p.　2,500円

途上国農業の発展にはバリューチェーンの統合がカギを握る。ペルーを中心としたラテンアメリカの輸出向け青果物やブロイラーを事例として、生産性向上と付加価値増大のメカニズムを示す。

626 ラテンアメリカの市民社会組織
継続と変容
宇佐見耕一・菊池啓一・馬場香織共編　2016年　265p.　3,300円

労働組合・協同組合・コミュニティ組織・キリスト教集団をはじめ、ラテンアメリカでは様々な市民社会組織がみられる。コーポラティズム論や代表制民主主義論を手掛かりに、近年のラテンアメリカ5カ国における国家とこれらの組織の関係性を分析する。

625 太平洋島嶼地域における国際秩序の変容と再構築
黒崎岳大・今泉慎也編　2016年　260p.　3,300円

21世紀以降、太平洋をめぐる地政学上の大変動が起きている。島嶼諸国・ANZUS(豪、NZ、米)・中国などの新興勢力による三者間のパワーシフトと合縦連衡の関係について、各分野の専門家により実証的に分析。現代オセアニアの国際関係を考えるための必読書。

624 「人身取引」問題の学際的研究
法学・経済学・国際関係の観点から
山田美和編　2016年　164p.　2,100円

人身取引問題は開発問題の底辺にある問題である。国際的なアジェンダとなった人身取引問題という事象を、法学、経済学、国際関係論という複数のアプローチから包括的かつ多角的に分析する。

623 経済地理シミュレーションモデル
理論と応用
熊谷聡・磯野生茂編　2015年　182p.　2,300円

空間経済学に基づくアジア経済研究所経済地理シミュレーションモデル(IDE-GSM)についての解説書。モデルの構造、データの作成、パラメータの推定、分析例などを詳説。

622 アフリカの「障害と開発」
SDGsに向けて
森壮也編　2016年　295p.　3,700円

「障害と開発」という開発の新しいイシューを、アフリカ大陸の5つの地域・国と域内協力について論じた。SDGsでアフリカの開発を念頭に置く際に、障害者たちの問題を取り残さないために必要な課題を整理。

621 独裁体制における議会と正当性
中国、ラオス、ベトナム、カンボジア
山田紀彦編　2015年　196p.　2,400円

独裁者(独裁政党)が議会を通じていかに正当性を獲得し、体制維持を図っているのか。中国、ラオス、ベトナム、カンボジアの4カ国を事例に、独裁体制が持続するメカニズムの一端を明らかにする。

620 アフリカ土地政策史
武内進一編　2015年　275p.　3,500円

植民地化以降、アフリカの諸国家はいかに土地と人々を支配しようとしたのか。独立や冷戦終結は、その試みをどう変えたのか。アフリカの国家社会関係を考えるための必読書。